Maria do Carmo Ezequiel Rollemberg

Crescer em Comunhão

CATEQUESE DE INSPIRAÇÃO CATECUMENAL COM ADULTOS

Livro do Catequizando

EDITORA VOZES

Petrópolis

Rua Frei Luís, 100
25689-900 Petrópolis, RJ, Brasil
www.vozes.com.br

Editoração: Mariana Perlati
Revisão teológica: Dra. Débora Regina Pupo
Diagramação: Ana Maria Oleniki
Revisão gráfica: Alessandra Karl
Capa: Ana Maria Oleniki

ISBN 978-85-326-7280-3

Este livro foi composto e impresso pela Editora Vozes Ltda.

Crescer em Comunhão

CATEQUESE DE INSPIRAÇÃO CATECUMENAL COM ADULTOS

Livro do Catequizando

Sumário

Apresentação

Queridos(as) catequizandos(as),

É com grande alegria que apresentamos a vocês o subsídio para a catequese de inspiração catecumenal com adultos. Trata-se de um material pensado para ajudá-lo em seu caminho catequético.

Este volume tem por objetivo ser um material de oração, reflexão, estudo e aprofundamento da fé. Na verdade, não se trata apenas de uma preparação para a celebração sacramental, mas de um caminho conciso de formação ao discipulado missionário que busca respeitar a individualidade de cada um em seu próprio processo formativo e espiritual.

A catequese com adultos tem, por principal sujeito, o adulto que procura a Igreja para começar ou completar sua iniciação sacramental e seu processo de educação na fé. Por isso, é importante assumir com coragem e responsabilidade seu próprio caminho de discipulado, vivenciando os encontros celebrativos e os ritos como momentos que marcam a caminhada e os ajuda a experienciar os mistérios da fé.

Ainda que os conteúdos sejam importantes, não se pode esquecer a importância da Palavra de Deus como livro por excelência da catequese. Sendo assim, oferecemos encontros que partem da Palavra e ajudam a levar a Palavra para a vida numa busca sincera de construir um estilo de vida pautado pelos valores cristãos, visto que somos chamados a ser discípulos missionários.

Gostaria de agradecer à autora Maria do Carmo Rollemberg pelo trabalho primoroso realizado e desejar a cada um e cada uma um caminho de crescimento e aprofundamento na fé. Que Maria Santíssima o acompanhe em cada parte deste belo caminho.

Dra. Débora Regina Pupo
Coordenadora da Animação Bíblico-Catequética
CNBB Regional Sul 2 – PR

A Iniciação Cristã de inspiração catecumenal

Ser cristão exige um tempo de preparação. Ao estar atenta à voz de Deus, que chama à sua intimidade, a pessoa segue por um caminho de descobertas, afirmações e questionamentos.

A Iniciação Cristã de inspiração catecumenal é um processo de educação cristã integral que insere a pessoa, batizada ou não, em todas as dimensões da vida cristã, no conhecimento do Mistério de Cristo, na vida evangélica, na oração, na liturgia e no compromisso missionário. Longe de ser uma formação doutrinária, o foco desse processo é o discipulado e, portanto, ele visa levar o adulto a conformar-se a Jesus, isto é, a tornar-se sempre mais semelhante a Ele. Isso exige ouvir, compreender, acolher e viver seu Evangelho.

A estrutura do processo catecumenal, conforme é proposto pelo Ritual da Iniciação Cristã de Adultos (RICA), apresenta quatro tempos de formação e amadurecimento: pré-catecumenato, catecumenato, purificação e iluminação, e mistagogia; e três etapas, marcadas por ritos litúrgicos, que conduzem aos tempos ou são por eles preparadas: admissão ao catecumenato, eleição e celebração dos sacramentos da Iniciação Cristã (cf. RICA. Introdução, n. 6-7).

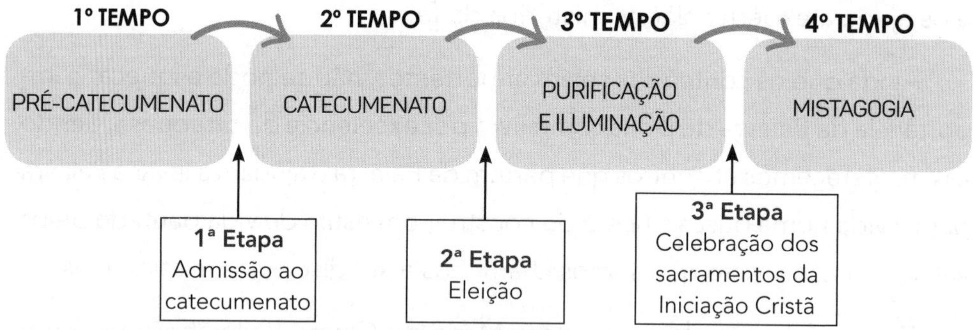

A *Catequese de Inspiração Catecumenal com Adultos* visa levar a pessoa a uma relação íntima com o Deus de Jesus Cristo, acolhendo-a e inserindo-a, de forma gradual, na vida da Igreja e ajudando-a na adesão a Jesus e sua mensagem. Essa jornada de conversão e formação espiritual tem um antes, um durante e um depois, o que exige um olhar atento às realidades e às necessidades dos adultos catequizandos.

Tempo do PRÉ-CATECUMENATO

Quem é "ele", afinal?

O que é o tempo do pré-catecumenato

É o tempo próprio para a primeira evangelização, para o anúncio de Jesus Cristo. O pré-catecumenato leva a pessoa a se descobrir chamada por Deus e motivada para acolher e deixar-se envolver pelo Mistério do seu amor (cf. RICA. Introdução, n. 9-10). Esse é um período de grande importância, pois não se pode supor que Jesus Cristo seja conhecido por todos. Por isso, esse tempo não deve ser omitido nem minimizado, mas deve durar o suficiente para despertar nos catequizandos uma fé inicial e amadurecer a vontade sincera de seguir Cristo.

1

Um caminho que começamos a percorrer

Em cada etapa da vida, nós nos vemos de maneiras diferentes. Hoje, como você se vê? Em uma das folhas que recebeu, faça um desenho de como você se vê e escreva ao lado sua maior qualidade, seus sonhos e objetivos na vida.

Podemos comparar a nossa vida como um longo caminho cheio de curvas, retas, atalhos, pedras, pessoas, momentos importantes. Pense e expresse, em outra folha de papel e de maneira criativa, como você vê a sua vida.

Vida e Palavra se encontram

A Palavra de Deus sempre é atual e nos ajuda a iluminar a vida ou o momento que vivemos. No Livro do Profeta Isaías encontramos um conjunto de belas profecias com uma mensagem de esperança e uma promessa da profunda relação entre Deus e seu povo.

Profeta é aquele que tem a missão de falar em nome de Deus.

Texto bíblico: Is 43,1-5a.

- **O que diz a Palavra?**
  - Que palavra ou frase você destaca?
- **O que a Palavra diz para você?**

O Profeta Isaías afirma que somos preciosos aos olhos de Deus. Cada pessoa, tal como ela é, diante de Deus é valiosa, é única.

- Como você se sente diante dessa afirmação?

➤ Trazendo a Palavra para a vida

Estar em um GRUPO DE CATEQUESE é estar em um CAMINHO.

- O que significa estar em um caminho?
- O que é importante para percorrer um caminho?

Freepik / pikisuperstar

Começamos um caminho que levará você cada vez mais para perto de Jesus. Ele é inspirado na maneira como, nos primeiros séculos do cristianismo, eram preparados aqueles que queriam se tornar discípulos de Jesus Cristo e fazer parte da sua Igreja.

- O que motivou você a se inscrever na catequese?
- O que você espera como fruto ao concluir todo o período da catequese?

Celebrando a vida

Ouvimos o texto do Profeta Isaías: são palavras dirigidas a você, que começa esse caminho na catequese. Pense e escreva, nos papéis coloridos que recebeu, uma palavra para responder cada uma das questões propostas.

- ▶ O que você espera encontrar neste grupo de catequese?
- ▶ O que não pode faltar nos encontros de catequese?

Podemos enriquecer este caminho na catequese que estamos iniciando com suas respostas. Aproxime-se desse caminho desenhado e diga as palavras que escolheu como respostas: por que são importantes para você e para o grupo? Depois, em um lugar à sua escolha, deixe seus papéis sobre o caminho.

Juntos, rezemos: Sl 25,4-6.

4 *Revela-me, Senhor, teus caminhos, ensina-me tuas veredas!*

5 *Dirige-me no caminho por tua verdade e me ensina, porque tu és o Deus de minha salvação, e em ti espero todo o dia.*

6 *Lembra-te, Senhor, de tua ternura e dos dons do teu amor, porque são desde sempre!*

Transformando a vida

Todo caminho traz dificuldades e desafios que precisam ser compreendidos e enfrentados para seguirmos caminhando.

- Quais as suas disposições para seguir esse caminho da catequese?

Uma reflexão para o caminho

Deus quer construir com você um vínculo eterno de profunda intimidade, confiança e afeto. O coração de Deus se enche de contentamento quando lhe contamos nossas alegrias e tristezas, nossos medos e nossos sonhos, e quando renunciamos às nossas certezas para seguir os caminhos que Ele tem para nós.

2

Deus e o ser humano, uma busca constante

Cada um de nós é chamado a conviver, dialogar e criar laços com outras pessoas. Somos também chamados a cuidar da natureza e a nos relacionar com o mundo, com liberdade e responsabilidade. De fato, todos nós temos uma relação de interdependência com o que nos cerca – pessoas, sociedade e mundo.

Vivendo e convivendo, buscamos sentido para a nossa vida e, também, felicidade. Essa busca, presente em todos nós, também se dirige a Deus.

Olhando para a história, percebemos que a humanidade, em todos os tempos, sente-se direcionada ao transcendente, isto é, aquilo que vai além da natureza concreta das coisas; Deus é transcendente, porque não é limitado pelo espaço nem pelo tempo e por ultrapassar tudo o que podemos pensar (DOCAT, n. 197). O ser humano busca a Deus, quer se relacionar com Ele: faz parte da nossa natureza humana o desejo de Deus. Podemos, então, dizer que somos seres **religiosos**, ou seja, somos capazes de nos relacionarmos com o transcendente, com Deus (cf. ClgC, n.1).

> A **religião** (do latim *religare: re*, de novo + *ligare*, ligar ou conectar) relaciona os seres humanos ao transcendente ou ao espiritual; exige normas morais para a conduta individual e social e práticas rituais (Conceito.de, 2020).

Cada pessoa, com sua liberdade, pode se aproximar de Deus, ignorá-lo ou mesmo rejeitar essa relação com Ele. Porém, Deus criou o ser humano para fazê-lo participar da sua felicidade (cf. ClgC, n. 1) e nunca deixa de chamá-lo para perto de si. Aí estão nossa origem e nosso fim.

Vida e Palavra se encontram

O Livro do Gênesis, o primeiro na Bíblia, é o livro das origens e mostra Deus como autor da nossa história e de toda a criação. O texto que leremos nos ajudará a compreender a relação entre Deus e o ser humano.

Texto bíblico: Gn 2,4b-25.

➤ **O que diz a Palavra?**

- Qual palavra ou expressão você destaca nesse texto?

➤ **O que a Palavra diz para você?**

O texto apresenta a criação do mundo e das criaturas usando uma linguagem simbólica. Não é um artigo científico para explicar como surgiu o mundo. O autor afirma que a vida tem sua origem em Deus: Ele é a origem de tudo.

- O que você pensa sobre as ideias apresentadas a seguir?

> Deus criou o mundo por amor; por isso, toda a criação mostra o amor de Deus.

> Deus soprou nas narinas o sopro da vida: essa imagem expressa a dependência do ser humano em relação ao Criador.

> Deus criou o ser humano para *dominar* sobre toda a criação, isto é, para *cuidar* da criação.

➤ **Trazendo a Palavra para a vida**

- Pense sobre cada uma das afirmações apresentadas e partilhe no grupo como você responde às questões propostas.

Deus nos criou para estarmos eternamente unidos a Ele, participando da sua felicidade.

- Para você, o que é participar da felicidade de Deus?

Para amar, precisamos conhecer; para conhecer e manter vivo o amor, precisamos nos aproximar de Deus.

- O que nos aproxima de Deus?

Quem ama fica feliz quando consegue mostrar seu amor.

- Como podemos mostrar amor a Deus?

Quem ama fica feliz em fazer o que o outro espera, o que agrada o outro.

- O que Deus espera de você? Como você se sente em relação a isso?

O ser humano, no plano de Deus, é imagem e semelhança do Criador.

- Como deve ser nosso agir em relação aos outros?
- Que resposta você quer dar a Deus?

Celebrando a vida

- Com apenas uma palavra, escreva uma característica:

Sua __________

Da pessoa que é seu/sua melhor amigo(a) __________

Da pessoa que está sentada ao seu lado __________

▶ Sentiu dificuldade para responder alguma das situações propostas? Por quê?

____

____

____

Nem sempre conseguimos apontar as características de uma pessoa, e isso é muito mais difícil quando não a conhecemos bem: só sabemos falar sobre aqueles de quem somos próximos, e falamos com base em nossas experiências com a pessoa. *Você concorda?*

▶ Dessas afirmações, quais você associa a Deus? Por quê?

» Deus me ama como sou
» Deus é paciente
» Deus me vigia todo o tempo
» Deus castiga
» Deus não me deixa fazer o que quero
» Deus é exigente
» Deus é bondoso
» Deus é vingativo
» Deus sempre perdoa
» Deus é tão perfeito que nunca conseguirei entendê-lo
» Deus está sempre longe
» Deus é uma energia boa
» Deus não se importa com o sofrimento
» Deus é Pai
» Deus é Mãe
» Deus quer que eu seja feliz

Falar sobre Deus usando apenas nossa razão é difícil, porque Deus é **Mistério** e não conseguimos conhecê-lo plenamente. É por isso que atribuímos também a Ele características baseadas em nossas experiências humanas; *você percebeu isso?*

Mistério, em geral, é algo que não conhecemos adequadamente ou que parece inexplicável. Para São Paulo, Mistério é o desígnio eterno de Deus, que quer nos salvar, revelado plenamente em Jesus Cristo (cf. Cl 1,27).

Uma luz nos deixa perceber o que está ao nosso redor. A vela, que será acesa pelo catequista, simboliza a luz de Deus derramada sobre nós para percebermos seu amor.

- Essa vela passará de mão em mão; ao segurá-la, diga como se sente diante do amor de Deus.
- Em silêncio, volte-se para Deus; peça a graça de reconhecer que Ele ama você como *filho predileto*. Como resposta a esse amor, peça a capacidade de amar – a si mesmo, as outras pessoas, o mundo, a natureza e a Deus.

Rezemos, todos juntos: Sl 8,4-6.

4 *Quando contemplo o céu, obra de teus dedos, a lua e as estrelas que fixaste,*

5 *o que é o homem, para que te lembres dele, e o ser humano, para que dele te ocupes?*

6 *Tu o fizeste um pouco inferior a um ser divino, tu o coroaste de glória e honra.*

Transformando a vida

Descobrir-se amado por Deus deve mexer com nossa maneira de estar no mundo e de nos relacionarmos com os outros.

- Quais as suas disposições sobre como se relacionar com os outros?

Uma reflexão para o caminho

Não podemos ver Deus nem podemos tocá-lo, mas podemos ver e tocar a criação, que nos ajuda em nossa busca para dele nos aproximarmos. A criação, tão perfeita; as coisas criadas, tão harmoniosas entre si; o ser humano, tão diverso e tão complexo: é assim que podemos "ver" Deus. E Ele, que não se cansa de nos buscar, revela-se nos fatos do dia a dia, nos quais está presente e pelos quais Ele nos fala.

3

Jesus é a revelação definitiva de Deus

Em sua bondade e sabedoria, Deus quis se revelar e nos fazer conhecer a sua vontade (cf. DV, n. 2). A **revelação** de Deus se dá com palavras e obras e é, ao mesmo tempo, Mistério e acontecimento. Essa revelação divina tem como primeiro passo a criação, na qual Ele dá testemunho definitivo e eterno de si mesmo (cf. CIgC, n. 288). Por meio das criaturas Deus se manifestou, e ainda se manifesta, à humanidade, fazendo-a conhecer sua bondade. Porém, Ele quis se revelar na história como Alguém, uma Pessoa, educando um povo para preparar a **Encarnação** de seu Filho Jesus, o passo definitivo da revelação divina.

Revelar significa tirar o véu, manifestar-se ou mostrar-se claramente. A revelação é a aproximação de Deus do ser humano; ela foi transmitida oralmente e, posteriormente, escrita sob a inspiração divina.

Encarnação é o termo usado para indicar que Jesus, o Filho de Deus, assumiu a carne humana.

Vida e Palavra se encontram

Deus criou o mundo, viu que tudo era muito bom (cf. Gn 1,31) e o entregou ao homem e à mulher para que dele cuidassem (cf. Gn 1,28). O ser humano recusou o Projeto de Deus e dele se afastou. Porém, Deus não desistiu de buscá-lo e fez alianças; o "**povo eleito**" (cf. Dt 7,7-9) abandonou Deus, mas Ele permaneceu fiel, chamando seu povo para estar com Ele.

O **povo eleito** é aquele a quem Deus decidiu se comunicar primeiramente; é o povo descendente de Abraão, a quem Deus prometeu ser o "pai de um grande número de nações" (Gn 12,2).

A revelação de Deus se dá plenamente em Jesus, seu Filho. No texto que leremos, o Evangelista Lucas narra o anúncio da encarnação de Jesus.

Texto bíblico: Lc 1,26-35.

➤ O que diz a Palavra?

- O que o **anjo** diz a Maria?
- Qual palavra você destaca nesse texto?

> **Anjos** são intermediários entre Deus e os seres humanos; geralmente, aparecem como porta-vozes ou mensageiros de Deus.

➤ O que a Palavra diz para você?

O povo de Israel esperava o Messias prometido, aquele que iria estabelecer definitivamente o Reino de Deus entre os seres humanos. Deus se apresentou à humanidade no rosto do menino que nasce em Belém, o Filho de Deus: Ele se fez pequeno e humano para estar conosco e **redimir** toda a humanidade.

> **Redimir** significa libertar, salvar; é adquirir de novo, resgatar, tirar do cativeiro.

- Para melhor compreender o anúncio da encarnação de Jesus, leia e converse no grupo sobre essas afirmações:

> Deus sempre é fiel ao seu povo; em Jesus, Ele cumpre a promessa feita sobre aquele que viria resgatar a humanidade inteira (cf. Is 9,1-6).

> Em Jesus, Deus é humano como você: Ele assume sua carne, sua fragilidade, suas dores e seus medos. É assim que Deus ama!

- O que o nascimento de Jesus, a Encarnação, tem a ver com sua vida?

- **Trazendo a Palavra para a vida**
   - Leia, pense e partilhe no grupo suas respostas às questões propostas.

   A encarnação é o acontecimento central do plano de amor de Deus para a humanidade e precisa ser bem entendida por todos os cristãos.

   - Quem é Jesus para você? Um homem muito bom e justo? Um fazedor de milagres? Uma pessoa diferente?

   Pela encarnação, Jesus nos mostra o Pai; Ele mesmo diz: "ninguém vem ao Pai a não ser por mim" (Jo 14,6).

   - O que isso significa para sua vida, em seu dia a dia?

   Jesus é a expressão viva do amor de Deus por nós. Esse amor alcança cada pessoa, fazendo-a experimentar a presença de Deus e reaproximar-se dele.

   - Você sente a presença de Deus em sua vida? Como?

Celebrando a vida

Em Jesus, e por causa de Jesus, a busca que o ser humano traz dentro de si alcança seu objetivo, pois o próprio Deus toma a iniciativa e vem ao seu encontro.

Jesus nos revela quem é Deus e nos ajuda a perceber sua presença. Por amar o ser humano, Deus quer ser encontrado, amado e conhecido e precisa de quem o anuncie.

- Juntos, vamos fazer nossas preces, refletindo sobre procura, encontro, amor; o motivo de cada prece será colocado no cartaz que mostra a Criação, primeira revelação de Deus.
   - Pelos homens e mulheres de todo o mundo que procuram a Deus, para que o encontrem. **R.:** *Ouvi-nos, Senhor Jesus!*

» Pelos homens e mulheres do mundo inteiro que encontraram a Deus, para que o amem. **R.:** *Ouvi-nos, Senhor Jesus!*

» Pelos homens e mulheres que amam a Deus, para que o revelem aos outros. **R.:** *Ouvi-nos, Senhor Jesus!*

» Pelos homens e mulheres que não creem em Deus, para que sintam sua bondade e sejam justos e fraternos. **R.:** *Ouvi-nos, Senhor Jesus!*

» Por todos nós neste grupo, para que possamos nos aproximar sempre mais de Deus. **R.:** *Ouvi-nos, Senhor Jesus!*

» Por todos aqueles que encontramos em nosso caminho e nos fizeram sentir o amor de Deus. **R.:** *Ouvi-nos, Senhor Jesus!*

Juntos, louvemos o nosso Deus: Sl 19(18),2-5.

2 Os céus narram a glória de Deus, e o firmamento proclama a obra de suas mãos,

3 Um dia a outro dia transmite a mensagem, uma noite a outra noite comunica a notícia.

4 Sem discurso e sem palavras, sem que se ouça sua voz,

5 por toda a terra se estende seu eco, e até os confins da terra, sua fala.

Transformando a vida

Tomar consciência do amor de Deus, revelado em Jesus, é inspiração para olhar para o mundo e para as pessoas com outros olhos.

▶ Quais as suas disposições para ter esse novo olhar?

Uma reflexão para o caminho

Nos evangelhos lemos sobre a humanidade de Jesus: Ele sentiu e viveu como um homem comum. Porém, Jesus assumiu a condição humana sem perder sua condição divina: Ele é verdadeiro Deus e verdadeiro homem. Crer na encarnação do Filho de Deus é sinal que distingue os cristãos: "Nisto reconhecereis o Espírito de Deus. Todo espírito que confessa que Jesus Cristo veio na carne é de Deus" (1Jo 4,2) (cf.CIgC, n. 463).

4

Jesus anuncia o Reino de Deus

O povo judeu esperava um Messias que dominasse o mundo e destruísse seus inimigos, trazendo o Reino de Deus. Para os judeus, esse reino seria como os reinos terrenos, com reis poderosos, impostos pesados e apenas para um povo.

A Bíblia não nos diz como foi a infância de Jesus; porém, narra que, com cerca de 30 anos, Ele começou sua vida pública, sempre fazendo a vontade do Pai (cf. Jo 6,38), como indicam suas primeiras palavras mencionadas nas Escrituras Sagradas: "Não sabíeis que devo ocupar-me das coisas de meu Pai?" (Lc 2,49). Jesus cumpria sua missão, tudo fazendo para que Deus fosse conhecido por todos e ensinando sobre o Reino de Deus.

Vida e Palavra se encontram

Em um sábado, como era seu costume, Jesus foi à sinagoga e fez a leitura. O texto proclamado, do livro do Profeta Isaías, aponta para o sentido do Reino de Deus.

Sinagoga é o templo judaico, local onde os judeus se encontram todos os sábados para a leitura das escrituras, para cantar salmos e prestar culto a Deus.

Texto bíblico: Lc 4,14-22.

➤ **O que diz a Palavra?**

- O que você destaca nesse texto?

O que a Palavra diz para você?

Jesus falou sobre o "ano da graça do Senhor": um tempo muito esperado, porque indicava o perdão das dívidas e uma nova distribuição das terras.

- Para aqueles a quem o anúncio de Jesus era dirigido, qual o significado do "ano da graça do Senhor"?

Ao concluir a leitura, Jesus se identificou com o Messias: Ele é aquele que abre caminho para a humanidade ser libertada e alcançar o Reino de Deus.

- Você compreende que as palavras do profeta no versículo 18 dizem respeito ao Reino de Deus entre os homens?

"Não é este o filho de José?" (v. 22): essa pergunta indica que as pessoas não enxergavam em Jesus o Messias esperado.

- Como você entende essa dúvida das pessoas em relação a Jesus?
- Jesus proclamou o Reino de Deus com gestos, atitudes e palavras, mas não deu uma definição do Reino.
- Como você definiria o Reino de Deus?
- Que dificuldades Jesus encontrou para anunciar o Reino de Deus?

Trazendo a Palavra para a vida

O Reino de Deus é para todos: essa é a vontade de Deus. Para ter acesso ao Reino, porém, é preciso ouvir e acolher Jesus e seus ensinamentos. Em outras palavras: para viver no Reino de Deus precisamos estar bem – com nós mesmos, com as outras pessoas e com Deus.

- O Reino de Deus é uma utopia?
- Que exigências o Reino anunciado por Jesus lhe pede?
- Jesus mostrou o Reino como um dom de Deus; e um dom deve provocar uma resposta. Qual a sua resposta à proposta de Jesus?

A resposta à iniciativa amorosa de Deus nos chama à conversão – um processo que dura toda a nossa vida e é fruto do nosso esforço de mudança à luz da Palavra de Jesus.

Conversão é mudança de condição, a partir de uma decisão pessoal. A conversão leva a uma transformação na vida da pessoa, que se manifesta na mudança de comportamento e em um novo olhar para o mundo, segundo os ensinamentos de Jesus Cristo e o Plano de Deus.

- No nosso dia a dia, como viver a conversão?

Celebrando a vida

Jesus ia ao encontro das pessoas e tocava seus corações ensinando e anunciando o Reino, curando e libertando do mal (cf. Mt 4,23). Ele também vem ao encontro de cada um nesse caminho na catequese para anunciar, ensinar, curar e libertar.

▸ Observe as palavras apresentadas no círculo desenhado por seu catequista. Elas indicam realidades de muitos lugares e de muitas pessoas. São realidades que ferem o Plano de Deus para a humanidade.

» Como você se sente diante das realidades que as palavras no círculo expressam? Partilhe com o grupo.

Todas essas situações, talvez, existirão sempre. Contudo, Jesus nos dá uma alternativa e uma esperança: mesmo nas dificuldades somos chamados a procurar viver o Reino de Deus hoje, agora, em todos os momentos.

▸ Escolha uma das palavras que estão na caixa apresentada por seu catequista, coloque-a sobre o círculo e partilhe com o grupo:

» Como essas realidades podem ser combatidas e transformadas?

» Comente a frase do Papa Francisco apresentada junto ao círculo com as palavras que expressam realidades a serem transformadas.

Rezemos: Sl 146(145),8-10.

[8] *o Senhor abre os olhos aos cegos, o Senhor endireita os encurvados,*
o Senhor ama os justos,
[9] *o Senhor protege os migrantes, ampara o órfão e a viúva,*
mas confunde o caminho dos ímpios.
[10] *O Senhor reinará eternamente; ele é teu Deus, ó Sião, de geração*
em geração. Aleluia!

Transformando a vida

Muitas vezes pensamos que, para construir o Reino, precisamos fazer coisas grandiosas ou esperar situações especiais para agir. Não! Precisamos de atitudes concretas no nosso dia a dia: respeitar todos, cuidar do ambiente, cumprir nossos deveres, buscar o bem comum, agir com ética etc.

- Quais as suas disposições para deixar os reinos terrenos e colaborar com o Reino de Deus?

Uma reflexão para o caminho

Na normalidade do Reino de Deus o pão chega a todos e sobra, e a organização social baseia-se em contribuir, partilhar e distribuir. É isso que faz ir adiante uma sociedade: doar-se. A forma cristã de fazer isso não é mecânica: é uma forma humana. Os meios mais sofisticados podem fazer muitas coisas, mas não podem fazer uma coisa: a ternura. E a ternura é o sinal da presença de Jesus, o aproximar-se do outro para ajudar e sacrificar-se por ele (Papa Francisco, 2020a).

5

O Reino de Deus é dom de amor

Para pensarmos sobre o Reino de Deus podemos fazer um exercício de imaginação e atribuir a Deus uma realidade bem humana: sonhar.

No "**paraíso**" (cf. Gn 2,8), Deus colocou o homem e a mulher, criados à sua imagem e semelhança, com a missão de cuidar de toda a criação (cf. Gn 1,27s.).

- Qual é o sonho de Deus para cada um de nós e para a humanidade?

Paraíso é uma palavra grega, que se refere ao termo em hebraico "jardim do Éden" ou "jardim das delícias". É o símbolo da morada da divindade (Bíblia Sagrada).

Vida e Palavra se encontram

Toda a vida de Jesus, tudo o que Ele fez e tudo o que Ele disse, era anúncio do Reino do Pai. Diante de um povo tão carente, Jesus não falou sobre algo distante ou que nunca poderia ser alcançado pelas pessoas; pelo contrário, Ele falou sobre a proximidade do Reino e, assim, sobre a proximidade de Deus. No entanto, esse Reino não era visível e as pessoas não conseguiam entender a que Jesus se referia.

Então, Jesus falou em **parábolas**: "o Reino dos Céus é como [...]"; Ele recorria a elementos bem conhecidos e que

Parábolas são narrativas que transmitem uma mensagem por meio de uma comparação ou de uma analogia. As parábolas não narram acontecimentos reais; elas são histórias criadas para revelar verdades importantes ou mensagens para a reflexão pessoal.

prendiam a atenção das pessoas: família, comportamento, pesca, plantações, construções. Era com o cotidiano da vida que Jesus anunciava o Reino. Mais do que ensinar, Jesus queria mudar realidades transformando as pessoas.

Texto bíblico: Mt 13,24-30.

Freepik / freepik

- **O que diz a Palavra?**
  - Que versículo você destaca?
- **O que a Palavra diz para você?**

O Reino é dom de Deus, ou seja, graça, presente do seu amor por todos, bons e maus. Esse amor por todos ajuda a compreender a realidade do Reino apresentada na parábola do joio e do trigo. O terreno representa o mundo, a Igreja ou qualquer um de nós.

- A que corresponde a boa semente? E a semente ruim? Os servos (quem são?) e o patrão (quem é?) pensam de maneiras diferentes em relação ao joio: o patrão parece tolerar sua presença, mesmo sabendo das possíveis consequências.
- Na vida, como diferenciar o trigo do joio? Jesus nos faz pensar sobre nossas atitudes diante do mal no mundo.
- Você costuma dividir o mundo em "bons para cá, maus para longe"? Em que grupo você se coloca?
- Para você, como Deus se comporta com bons e maus?
- Como você se vê no "terreno" do mundo: joio, trigo, servo, aquele que colhe?
- Diante de situações difíceis, ou até mesmo injustas, você consegue ver coisas positivas nas atitudes das pessoas?

- **Trazendo a Palavra para a vida**

Ao plantar a semente do Reino, Jesus inaugura o tempo da misericórdia de Deus e nos chama a agir como Ele, isto é, sem condenar alguém de maneira definitiva, mas dando espaço ao perdão e à conversão. Porém, diante de situações que consideramos injustas ou carregadas de maldade, que causam danos às pessoas, queremos que Deus faça alguma coisa para restaurar a justiça ou punir quem errou. E temos pressa. Entretanto, Deus sabe que ninguém é totalmente ruim.

Com essa parábola, Jesus ensina que precisamos ser pacientes, tolerantes e misericordiosos para convivermos com o "joio" e o "trigo".

- Como praticar a paciência e a tolerância na relação com os outros?

Se convivemos com o "joio" e o "trigo", precisamos ter discernimento para distinguir entre o bem e o mal, ou caímos no comodismo ou no relativismo.

  - O que isso significa em nossa vida?

- Somos criaturas com inteligência e livres. Como essas características nos ajudam a entender a realidade do mal no mundo?

Celebrando a vida

Para tolerar o joio misturado ao trigo do servo, é preciso cultivar a confiança e a obediência, indispensáveis no seguimento de Jesus.

- Vamos formar três grupos, denominados confiança, obediência e seguimento. No seu grupo, a partir da palavra que o identifica e da parábola do joio e do trigo, converse sobre a frase de Santo Inácio de Loyola: "Age como se tudo dependesse de ti, mas consciente de que na realidade tudo depende de Deus" (Santo Inácio de Loyola *apud* Bento XVI, 2012).
- Vamos plantar "sementes do Reino". Escolha uma das sementes disponibilizadas por seu catequista e, enquanto coloca sua semente na terra, diga: "quero plantar a semente da(o)..... para que o Reino de Deus cresça entre nós".
  - » Que "semente" você escolheu plantar?
  - » O que simboliza esse gesto?

Rezemos: Sl 37(36),3-6.

3 *Confia no Senhor e faze o bem, habita a terra e guarda a fidelidade!*
4 *Põe tuas delícias no Senhor, e ele te dará o que teu coração pedir.*
5 *Entrega teu caminho ao Senhor e confia nele! Ele atuará,*
6 *ele fará surgir tua justiça como a aurora, e teu direito como o meio-dia.*

Transformando a vida

A convivência com o bem e o mal não significa indiferença.

▶ O que você se propõe a fazer para colaborar com o Reino?

Uma reflexão para o caminho

Disse o Papa Francisco que não há melhor testemunho do amor de Jesus do que um cristão paciente. Segundo o papa, a paciência não é apenas uma necessidade, é uma vocação: o cristão é chamado a ser paciente. Isso nos faz ir contra a mentalidade generalizada de hoje, na qual as pessoas são pressionadas, porque se espera que mudem rapidamente. Ainda, acrescentou: "Não esqueçamos que a pressa e a impaciência são inimigas da vida espiritual. Por quê? Deus é amor, e quem ama não se cansa, não é irascível, não impõe ultimatos, Deus é paciente, Deus sabe esperar." (Papa Francisco, 2024).

6

Encontrar Jesus é deixar-se transformar

Com certeza você já ouviu falar que Jesus fez milagres por onde passou. Algo surpreendente e admirável, sem dúvida. Porém, os milagres narrados nos evangelhos têm o sentido de sinais que mostram uma realidade que não vemos. Os evangelistas, narrando os milagres, queriam nos fazer pensar sobre o sentido do acontecimento, ou seja, sobre o que Deus queria dizer com ele. Porém, muitos se perguntam: *O que, de fato, aconteceu*? Assim, deixam de lado o que realmente é importante: o sentido do acontecimento.

Diante de nós, mesmo sem darmos atenção, há muitos sinais diários da presença do Reino de Deus: o nascer do sol, a natureza, um recém-nascido, um abraço de perdão, um gesto de solidariedade, a luta pelos direitos de todos, uma palavra de esperança. Cada pessoa pode ser, também, sinal do Reino. Foi assim com Jesus, e o povo, admirado, exclamava: "milagre!"

Vida e Palavra se encontram

Nos evangelhos encontramos, muitas vezes, multidões seguindo Jesus. Alguns, por curiosidade, outros, para criticar, mas muitos viam nele motivo de verdadeira esperança. Jesus olhou para as pessoas mais esquecidas e excluídas da sociedade – prostitutas, doentes, estrangeiros, endemoniados, mulheres e crianças – e lhes devolveu a dignidade de pessoa humana. Revelando o amor do Pai por todos, Ele sentiu compaixão: acolheu pecadores e estrangeiros, restituiu a visão aos cegos e a saúde aos endemoniados, curou doentes.

Texto bíblico: Mc 2,1-12.

- **O que diz a Palavra?**
  - Que palavra ou versículo você destaca?

- **O que a Palavra diz para você?**

No tempo de Jesus, quando a Palestina estava sob o domínio do Império Romano, boa parte da população sofria com o descaso das autoridades. Muitos doentes, cegos e paralíticos viviam pelos caminhos, abandonados pela família, pela religião, pelas estruturas econômica e política. Eram vistos como castigados por Deus e, portanto, merecedores do abandono em que viviam.

Jesus falava com esse povo esquecido a partir da sua própria experiência com o Pai. E, para Jesus, Deus não era um juiz castigador, mas uma presença amorosa. Era isso que Jesus queria que as pessoas entendessem: Deus é Pai, é próximo, nunca abandonará seus filhos!

> Jesus não realizava milagres pela curiosidade das pessoas nem para convencê-las, mas para dar-lhes vida. Ele sabia que os milagres não ajudariam ninguém se não levassem a uma experiência profunda de Deus e à conversão.

- Você vê milagres em sua vida?
- O milagre depende de nós, da ciência, ou de Deus?

> A solidariedade e o esforço dos amigos venceram e conseguiram levar o paralítico até Jesus, que perdoa e cura.

- O que motivou os amigos a levarem o paralítico até perto de Jesus?
- O que motiva você para ir ao encontro de Jesus?

> Os milagres de Jesus não devem provocar admiração nem entusiasmo momentâneos, porque Jesus vai além de curar e perdoar: Ele transforma as pessoas e as ajuda a mudar de vida. É preciso,

então, ter confiança e coragem até mesmo para fazer coisas que não agradam (como descer por um buraco no telhado, deitado em uma maca!).

- O que você gostaria que Jesus transformasse em sua vida?

➤ Trazendo a Palavra para a vida

Jesus queria que as pessoas entendessem que eram amadas por Deus. É uma *experiência de Deus* que Jesus provoca e, para vivê-la, é preciso ter o coração aberto.

- Os amigos e o paralítico, os líderes religiosos, o povo: diferentes reações diante da ação e das palavras de Jesus. O que nos dizem essas reações?
- O que nos impede de ter o coração disponível para acolher Jesus?

A experiência de encontro com o Senhor nos leva a tomar consciência de que Ele está conosco, e nos ajuda a identificar nossa pequenez e a grandeza infinita de Deus, que vem até nós transbordando misericórdia. Essa experiência não é definitiva nem completa e, ao longo da vida, podemos e devemos aprofundá-la:

- Na leitura e meditação da Escritura Sagrada, porque é Deus que nos fala.
- Na celebração eucarística (Missa), porque nela está presente o próprio Deus.
- Na comunidade, porque não encontramos Deus sozinhos.
- Na oração, pessoal e comunitária, porque ela nos aproxima de Deus.
- Com os que sofrem, os doentes e os esquecidos pela sociedade, porque neles está o olhar de Deus.

▪ Em que você mais precisa aprofundar sua experiência com Jesus?

Celebrando a vida

Jesus, hoje, continua a se aproximar das pessoas; Ele sabe as alegrias e as tristezas que carregamos e se aproxima para nos dar sua mão, seu ombro, seu colo e nos dizer "vinde a mim..." (Mt 11,28).

- Em silêncio, feche seus olhos e procure imaginar Jesus aqui, ao seu lado. Peça: "Jesus, eu preciso de ti, transforma a minha vida".
- Expresse, com um desenho, um pequeno texto ou uma simples palavra, essa experiência.
  - Converse com quem está ao seu lado sobre o que você expressou.
- Aproxime-se da gravura de Jesus; ao tocá-la, faça, com uma oração, seu agradecimento, seu pedido ou seu louvor.

Todos juntos, rezemos: Sl 136(135),1-4.

1 Dai graças ao Senhor, pois ele é bom, pois seu amor é para sempre.
2 Dai graças ao Deus dos deuses, pois seu amor é para sempre.
3 Dai graças ao Senhor dos senhores, pois seu amor é para sempre.
4 Só ele fez grandes maravilhas, pois seu amor é para sempre.

Transformando a vida

Jesus quer agir em sua vida, mas, não basta ouvir falar sobre Jesus no grupo de catequese: Ele quer que a vontade de ser transformado seja verdadeira em você.

- O que você está disposto a fazer para ser transformado por Jesus?

Uma reflexão para o caminho

Não é possível seguir Jesus de qualquer jeito: Ele quer seguidores convictos, verdadeiros, que o escolhem livremente e se comprometem com Ele.

Aprendemos, a cada dia, o jeito de ser cristão aprofundando nossa experiência de Deus, perseverando no seguimento de Jesus. Não dá para dizer "sou cristão" sem que isso transforme nossa vida diariamente.

7 Jesus morre na cruz

Nem todas as pessoas compreendiam e aceitavam as palavras de Jesus. Os que buscavam um mundo mais justo não tinham dúvidas e viam nele o Messias esperado. Porém, para muitos, Jesus deveria ser eliminado. Houve até quem considerasse Jesus um demônio (cf. Mc 3,22) ou um herege (cf. Jo 8,48). Quem não queria perder seus privilégios e seus interesses, como autoridades religiosas, políticos e poderosos, via perigo nas palavras de Jesus, pois levavam o povo a tomar consciência da sua dignidade de filhos de Deus. Então, quiseram calar Jesus: Ele foi preso, julgado, torturado, condenado à morte na cruz.

Vida e Palavra se encontram

Na história de Jesus está a sua Paixão, consequência de toda a sua vida. Paixão é a palavra que descreve os eventos e os sofrimentos (físicos, mentais, espirituais) de Jesus Cristo, que começam antes mesmo da sua prisão.

Paixão, do latim *passio*, tem o significado de sofrimento, ato de suportar, padecer (Origem da Palavra, 2010).

Texto bíblico: Mc 15,20-39.

- **O que diz a Palavra?**
  - Que frase ou palavra você destaca nesse texto?
  - Há alguma parte no texto que você não compreendeu?

O que a Palavra diz para você?

Jesus, traído, preso e julgado, foi condenado pelas autoridades judaicas e romanas e pelos judeus; sua morte na cruz é consequência de sua opção pelo Reino do Pai e de sua recusa em renunciar às suas escolhas e convicções.

Perseguido, difamado, humano como você, Jesus sentiu-se abandonado e conheceu toda a dor que um ser humano pode sentir.

- Você já se sentiu abandonado e sozinho? Consegue relacionar sua vida ao abandono de Jesus na cruz?

Certa vez, Jesus afirmou que devemos tomar, a cada dia, a nossa cruz (cf. Lc 9,23), isto é, aquilo que nos pesa e nos machuca. Todos temos uma cruz para carregar.

- O que significa para você aceitar a sua cruz?

Ao morrer, Jesus faz com seu povo uma *nova e eterna aliança*, resgatando toda a humanidade do **pecado**.

- Você enxerga na Cruz um sinal do amor de Deus por você?

Pecado é a escolha livre e consciente, em palavras, pensamentos, ações ou omissões, que contraria a vontade do Pai.

Trazendo a Palavra para a vida

Jesus foi fiel ao projeto do Pai, ofereceu-se por nós, amou até o fim.

- Como podemos assumir, como Jesus, a fidelidade ao projeto do Pai?

Olhando para a cruz, os seguidores de Jesus certamente pensaram ser o fim de tudo o que haviam esperado com o Mestre.

Porém, o rasgar do **véu do Templo** apontou para uma esperança.

- Como podemos mostrar ao mundo essa esperança em Deus e em sua proposta para cada um de nós e para toda a humanidade?

Véu do Templo: essa expressão deve ser vista simbolicamente, pois, no Templo, o véu tinha a função de separar o povo de Deus, uma vez que apenas o sumo sacerdote poderia entrar no local. O véu do Templo rasgado simboliza não existir mais nada que separe Deus do povo.

Celebrando a vida

Catequista: A Paixão de Jesus se prolonga entre nós; vamos refletir sobre essa realidade a partir de alguns versículos dos textos dos evangelistas.

Leitor 1: Jesus foi com os discípulos para um lugar chamado Getsêmani, para orar.

Catequista: Pai, se for possível, afasta de mim esse sofrimento; mas, que não se faça a minha vontade e, sim, a tua vontade (cf. Mc 14,36).

Leitor 2: Diante daqueles que queriam levá-lo à prisão, Jesus se entristeceu. Aquele povo tinha experimentado sua bondade, esperado seus sinais! Agora, porém, queriam eliminar Jesus, porque incomodava e contrariava os poderosos.

Leitor 1: O povo abandonou Jesus e Ele foi condenado; desprezado, torturado, esbofeteado, pregado em uma cruz.

Catequista: No entanto, Jesus amou a todos, e disse: "*Pai, perdoa, eles não sabem o que fazem!*" (Lc 23,34).

Leitor 2: Jesus, verdadeiro homem e verdadeiro Deus, sentiu abandono.

Catequista: Do alto da cruz, Jesus disse: "Meu Deus, meu Deus, porque me abandonaste?" (Mc 15,34). Então, entregou seu Espírito ao Pai.

Leitor 1: O Cristo sofredor está nos doentes e nos que sofrem, nos marginalizados e naqueles que não têm seus direitos reconhecidos, nos desempregados e naqueles que passam fome, naqueles que enfrentam guerras e nas crianças abandonadas.

Todos: A Paixão de Jesus Cristo se prolonga entre nós.

Leitor 2: Cristo continua a ser crucificado por quem recusa sua mensagem de justiça e fraternidade, pelos indiferentes aos irmãos que sofrem e por aqueles que não enxergam no outro a dignidade da pessoa humana.

Todos: A Paixão de Jesus Cristo se prolonga entre nós.

- O que você quer dizer a Jesus?

  Na cruz de papel que receber do catequista, escreva o que está em seu coração: um pedido de perdão, uma palavra de gratidão ou de amor. Depois, coloque sua cruz sobre a cruz de Jesus, oferecendo a Ele a sua vida em uma prece silenciosa.

Rezemos juntos: Sl 22(21),4-6.

4 *Tu, porém, és o Santo, entronizado para o louvor de Israel.*
5 *Em ti confiaram nossos pais; confiaram, e tu os libertaste;*
6 *clamaram a ti e ficaram livres, confiaram em ti e nunca foram decepcionados.*

Transformando a vida

Olhar para a cruz de Jesus nos ajuda a pensar sobre como encaramos os desafios e as dificuldades da vida.

- Até onde você está disposto a entregar sua vida às mãos de Deus?

Uma reflexão para o caminho

Toda a vida de Jesus é um exemplo para nós. Sofrendo as dores da sua morte, Ele nos ensina a paciência e a obediência. Na cruz, Ele nos deu exemplo de profunda aceitação da vontade de Deus e, sobretudo, de como amar. "Eis aqui como se ama, é o que parece dizer a todos o próprio Redentor do alto da cruz, quando nós, para não sofrermos qualquer desgosto, abandonamos as boas obras e, por vezes, chegamos a renunciar a graça de Deus. Ele nos amou até a morte e não desce da cruz senão depois de ter deixado de viver." (Santo Afonso, [séc. XVII]).

8 Jesus vive no meio de nós

Jesus morto e sepultado: fim do sonho de mudança? Talvez os discípulos tenham pensado assim e, abatidos, se afastaram e até mesmo se esconderam, para não serem reconhecidos como seguidores de Jesus. Porém, Deus não poderia permitir que a morte de Jesus fosse em vão!

No terceiro dia depois da morte de Jesus, primeiro dia da semana, ainda durante as celebrações da **Páscoa judaica**, aconteceu algo inesperado e extraordinário: Jesus ressuscitou, glorificado pelo Pai como o único e verdadeiro Senhor de toda a humanidade, marcando definitivamente sua vitória sobre o mal.

A **Páscoa judaica** – *Pessach* – é celebrada ao longo de 7 dias, em memória da ação de Deus que libertou seu povo da escravidão no Egito. Todo esse acontecimento está descrito no Livro do Êxodo.

Vida e Palavra se encontram

Os sacerdotes do templo queriam que Jesus fosse logo esquecido; as mulheres que tinham acompanhado Jesus, cheias de piedade, queriam embalsamar seu corpo; os discípulos e seguidores de Jesus lamentavam que seus ensinamentos tivessem resultado em nada. No entanto, derrubando todas as expectativas, Deus age, transbordando seu amor pela humanidade ao ressuscitar Jesus. E sua ação muda a história.

Nos evangelhos não há descrição desse acontecimento, pois apenas Deus sabe *o que é* e *como é* ressuscitar. O túmulo vazio é sinal da ação de Deus; não é prova da ressurreição, como é o encontro com o Ressuscitado.

Texto bíblico: Mc 16,1-8.

O que diz a Palavra?

- Que frase ou palavra você destaca nesse texto?

O que a Palavra diz para você?

Olhando para o mundo, em meio a tantos desafios, tantas "pedras" como violência, corrupção, injustiças e morte, que impedem que as pessoas vivam em harmonia, surge uma pergunta: Quem removerá para nós a pedra da entrada do túmulo?

- Que resposta você dá a esse questionamento?

Muitas vezes estamos tão envolvidos pelos desafios e problemas da vida que nos esquecemos do Ressuscitado e ficamos presos ao túmulo vazio.

- Para onde você quer caminhar: para o túmulo vazio e escuro ou para descobrir a vida nova no Ressuscitado, deixando-se guiar por Ele?

Trazendo a Palavra para a vida

A ressurreição de Cristo é o evento central do cristianismo. Dizer que Jesus ressuscitou é dizer que Ele está vivo: junto ao Pai, como intercessor de todos nós; na nossa história, como libertador e salvador; na Igreja e em nossa vida de cristãos, como nosso Senhor.

- Como resistir à tentação de querer apenas o Ressuscitado e esquecer a Cruz?
- Como levar às pessoas, especialmente aos menos favorecidos da sociedade, a esperança da ressurreição, em um mundo que parece acreditar apenas naquilo que vê ou que pode ser provado?

Celebrando a vida

Leitor 1: Em torno da cruz e guiados pela luz, que nos recordam a entrega de Jesus à morte e sua presença viva entre nós, vamos refletir sobre o amanhecer do dia da ressurreição.

Catequista: "De manhã cedo, no primeiro dia depois do sábado, ao nascer do sol, elas foram ao túmulo."

Leitor 2: Cumprindo um preceito judaico, as mulheres esperaram o dia amanhecer para se dirigirem ao túmulo. Também nós caminhamos no escuro até nos encontrarmos com o Ressuscitado: Ele é o sol verdadeiro que brilha em nossa vida!

Todos: Jesus é nossa Luz!

Catequista: "...viram a pedra removida... entrando no túmulo..."

Leitor 3: A pedra não foi removida para Jesus sair do túmulo, mas para que as mulheres entrassem e vissem o túmulo vazio. Quantas vezes as preocupações e as incertezas nos impedem de ver os presentes de Deus para nós?

Todos: Jesus é o amor que nos surpreende!

Catequista: "...viram um jovem sentado à direita, vestido de branco..."

Leitor 4: A Palavra de Deus era a garantia de que o Senhor estava vivo. Quantas vezes, surdos à voz de Deus, deixamos que o medo e a dúvida vençam a esperança?

Todos: Jesus fala de muitas maneiras em nossa vida!

Catequista: "Ele ressuscitou; não está aqui."

Leitor 5: Aquele que procuravam não estava ali. Quantas vezes duvidamos do "túmulo vazio"?

Todos: Jesus vive para nós termos vida!

Catequista: "Mas ide dizer aos discípulos e a Pedro que Ele irá à frente..."

Leitor 6: O Mestre Jesus caminhava à frente dos seus discípulos. Quantas vezes escolhemos os nossos caminhos e deixamos de seguir os caminhos do Senhor?

Todos: Jesus é nosso Mestre!

Catequista: "Lá o vereis..."

Leitor 7: Como reconhecer o Mestre? Quando nos afastamos de Jesus, não o enxergamos. Contudo, Ele nos espera na "Galileia da nossa vida", no nosso dia a dia, para nos conduzir a tudo o que podemos ser.

Todos: Jesus é nosso guia!

Catequista: "E não disseram nada a ninguém..."

Leitor 8: As mulheres se afastaram do túmulo. Quem acreditaria nelas? Porém, o Senhor vai ao encontro dos seus. Ele vem ao nosso encontro e somos chamados a anunciar: "Cristo ressuscitou! Ele vive, está no meio de nós!"

Todos: Jesus Ressuscitado vive e caminha conosco!

Rezemos: Sl 117(116),1-2.

1 *Louvai o Senhor, todas as nações,*
povos todos, cantai seu louvor!
2 *Pois confirmou-se sobre nós a sua misericórdia,*
E a fidelidade do Senhor permanece para sempre.

Transformando a vida

A mensagem da ressurreição transforma as pessoas e é visível quando somos mais solidários, compassivos diante das injustiças e a favor da vida.

- Quais as suas disposições para ser o "jovem vestido de branco", o mensageiro de uma proposta de vida?

Uma reflexão para o caminho

Jesus Ressuscitado apareceu aos discípulos em dias, lugares e situações diferentes e não era reconhecido imediatamente. Ele apareceu como jardineiro (cf. Jo 20,15), andarilho (cf. Lc 24,15) e pedindo comida (cf. Jo 21,5); isto é, como uma pessoa simples da vida. Os relatos das aparições têm pontos em comum: a iniciativa, sempre de Jesus; a dúvida de quem encontrava o Ressuscitado; a convicção diante de uma palavra ou gesto característico de Jesus; o envio para testemunhar e anunciar o Evangelho (Comunidade Canção Nova, 2010). Jesus continua a aparecer, a falar, a despertar a fé e a enviar em missão todos aqueles que se abrem à sua Boa-nova.

9 Um único Deus, três Pessoas: a Santíssima Trindade

Nenhuma ciência pode nos fazer entender Deus plenamente. Nós, cristãos, acreditamos nos ensinamentos de Jesus Cristo e neles não há qualquer definição ou discurso: Deus é Mistério.

Vida e Palavra se encontram

Ao final de sua existência terrena, Jesus prometeu aos seus discípulos o Espírito Santo que os ajudaria a recordar e a viver tudo o que Ele havia ensinado. Jesus mostrava sua relação filial com o Pai e o agir do Espírito Santo em cada pessoa; Ele não confundia o Pai e o Espírito Santo.

Texto bíblico: Jo 14,15-26.

- **O que diz a Palavra?**
  - O que mais chama sua atenção nesse texto?
- **O que a Palavra diz para você?**

A Santíssima Trindade é Mistério, ou seja, uma realidade da nossa fé que não conseguimos expressar plenamente com nossas palavras. Só conseguimos compreender esse Mistério porque Deus quis se revelar a nós.

Com sua dedicação total ao Reino de Deus, Jesus mostrou que é o único caminho que leva ao Pai (cf. Jo 14,6): Ele nos levou a conhecer e a amar o Pai, como Ele mesmo o amava.

- Você se pergunta, como Judas, por que Jesus não se manifesta ao mundo?
- Você pede, como Filipe, para que Jesus lhe mostre o Pai?

Antes de voltar aos céus, Jesus disse que receberíamos o Espírito Santo em nosso socorro para inspirar, conduzir e encorajar.

- O Espírito Santo é o Defensor, o Advogado, o Consolador. Como você entende essas características do Espírito Santo?

Ao falar sobre a Santíssima Trindade, a Igreja usou conceitos da filosofia clássica. Para afirmar a unidade divina recorreu ao termo *substância* (ou *essência* ou *natureza*); para designar a distinção real entre o Pai, o Filho e o Espírito Santo, ao termo pessoa; e para afirmar que essa distinção está na referência de cada Pessoa às outras, ao termo *relação*. Por isso, dizemos:

O termo "**pessoa**" indica um ser único, que tem individualidade e identidade.

Creio em um só Deus: há uma única e mesma natureza no Pai, no Filho e no Espírito Santo; é a *unidade* na Santíssima Trindade.

Creio em um só Deus que é Pai, Filho e Espírito Santo: cada uma das três diferentes Pessoas mantém suas características e sua individualidade e cada uma é Deus por inteiro. As três Pessoas divinas são distintas entre si pelas relações existentes entre elas: o Pai é aquele que gera, o Filho é aquele que é gerado, o Espírito Santo é aquele que procede: é a *diversidade* na Santíssima Trindade.

Creio em um só Deus em três Pessoas: o Pai, o Filho e o Espírito Santo são tão iguais, em uma unidade tão perfeita, que são um único Deus; cada Pessoa está toda inteira na outra, as três são Um e vivem uma comunhão perfeita de amor: é a *comunhão* na Santíssima Trindade.

- Leia outra vez esse texto sobre unidade, diversidade e comunhão na Santíssima Trindade; converse com quem está ao seu lado, procurando aproximar-se dessa verdade fundamental da fé cristã.

➤ **Trazendo a Palavra para a vida**

- Leia, pense e converse sobre as ideias apresentadas no texto a seguir e partilhe com o grupo sua resposta à questão proposta.

Vivemos em uma sociedade plural, na qual há diversidade de dons, de opiniões e de maneiras de ver o mundo. Somos muitos e somos diferentes, e é um grande desafio conviver respeitando as diferenças. A Trindade Santa nos ensina a viver a unidade na diversidade. E uma unidade verdadeira só pode existir quando todos são, de fato, iguais, sem que alguns fiquem fora dessa igualdade ou que sejam mais iguais do que outros.

Se não lutarmos pela unidade de todos, se não acolhermos a diversidade com suas diferentes vozes, se não buscarmos a comunhão verdadeira: que testemunho de fé cristã será o nosso? Jesus quer que a Santíssima Trindade seja inspiração em nossa vida de cristãos e cidadãos do mundo.

  - Você diria que nossa sociedade busca inspiração na Trindade Santa em suas relações? Por quê?

Celebrando a vida

Para nos ajudar a compreender o Mistério da Santíssima Trindade, podemos usar analogias como essas apresentadas por seu catequista nos cartazes: o sopro que sai pela boca, o rio que corre para o mar, o calor gerado por uma fogueira, o perfume em um jardim (Boff, 2010).

▶ Escolha uma das analogias apresentadas e forme um grupo com aqueles que tiverem feito a mesma escolha para uma conversa sobre a Trindade Santa inspirados na analogia escolhida. Transforme essa conversa em uma breve oração, pedindo a fé na Santíssima Trindade, e partilhe com todos.

Rezemos: Sl 95(94),1-3.

1 *Vinde, cantemos com júbilo ao Senhor, aclamemos a rocha que nos salva!*

2 *Vamos à sua presença com ação de graças, aclamemo-lo com hinos de louvor!*

3 *Pois o Senhor é um grande Deus, um grande rei acima de todos os deuses.*

Transformando a vida

Como cristãos, precisamos olhar para a Trindade Santa e moldar nossa vida a partir do que ela nos inspira: viver a unidade, a diversidade e a comunhão.

▸ Qual seu compromisso para viver inspirado pela Trindade Santa?

Uma reflexão para o caminho

A Trindade Santa é o jeito de ser de Deus: não é solidão, mas comunhão perfeita, pois é Amor e, portanto, é reciprocidade, dom, acolhida, relação, comunhão. Somos imagem e semelhança de Deus; não existimos para vivermos sozinhos, precisamos conviver; isto é, viver com os outros. Existe em nós o desejo do convívio, da acolhida, da cooperação, da solidariedade; queremos criar laços e construir fraternidade. Por isso, quanto mais nos unirmos movidos pelo amor entre nós, mais nos tornaremos parecidos com Deus-Trindade.

10 O que é a fé?

Algumas afirmações sobre a fé são bem comuns; quais você conhece? Concorda com elas?

- Para você, o que é a fé?

É comum dizer que ter fé é acreditar. Porém, ter fé não é apenas *acreditar* que Deus existe. A fé vai além do acreditar e do crer, porque envolve o *Mistério*, algo que não compreendemos totalmente apenas com nossa capacidade humana. *Então a fé diz respeito a algo que nunca vamos compreender?* Não, porque Deus quer ser conhecido e vem em nosso auxílio: a sua Palavra, a liturgia, a Igreja e os sacramentos, os testemunhos nos ajudam a compreender a fé (Rollemberg, 2023).

Na Bíblia lemos sobre pessoas que se aproximavam de Jesus para lhe fazer algum pedido, às vezes até de maneira surpreendente, e Jesus ensinava lições valiosas sobre a fé e a capacidade de Deus de fazer grandes coisas em nós.

Vida e Palavra se encontram

Para nos ajudar a compreender o que é a fé, vamos refletir sobre o agir de Jesus na vida de duas pessoas em situações bem diferentes.

Texto bíblico: Mt 9,18-26.

➤ **O que diz a Palavra?**

- O que você destaca nesse texto?

➤ O que a Palavra diz para você?

Nesse texto encontramos duas pessoas com muitas diferenças entre elas. Um homem e uma mulher; ele era importante (chefe da sinagoga) e ela, excluída (era considerada impura e não podia conviver com outras pessoas); ele provavelmente era rico e ela ficara pobre tentando ser curada. O homem se aproxima de Jesus e se prostra à sua frente, dirigindo-lhe a palavra; ela se aproxima por trás, discreta no meio da multidão, em silêncio. O homem e a mulher têm em comum o sofrimento e a esperança perdida, que entregam a Jesus.

- Nos momentos difíceis da vida, ou quando precisa tomar decisões, o que você faz?

Para compreendermos o que é a fé, precisamos saber que:

- Ninguém se torna uma pessoa de muita fé estudando sobre Deus, porque a fé é um dom, um presente dele para nós.
- A fé nos leva a agir. Olhemos para os personagens do texto de São Mateus; o homem e a mulher talvez pouco soubessem sobre Jesus. No entanto, *decidiram* procurá-lo, e agiram: foram ao seu encontro.
- A fé é *experiência* de Deus, é enxergar Deus com nossos próprios olhos.

Com os personagens do Evangelho aprendemos que, na experiência de Deus, primeiro acontece uma aproximação sincera; depois, o encantamento; e, só depois, compreendemos por quem nos encantamos. Só quando sentimos o amor de Deus podemos, então, dizer que o conhecemos por experiência própria.

- Para você, o que é fazer uma experiência de Deus?

Há algo importante nessa experiência: a iniciativa. Jesus "se deixa encontrar" pelo chefe da sinagoga e o segue; Jesus vira-se e fala com a mulher. No entanto, o homem e a mulher não são apenas espectadores: são sujeitos da experiência, porque reagem e se posicionam diante de Jesus.

- Você percebe a iniciativa do Senhor em sua vida?

Da experiência nasce a *resposta*: ter fé é dar uma resposta ao amor de Deus, com nossa liberdade, nosso entendimento e nossa vontade (cf. ClgC, n. 30).

➤ Trazendo a Palavra para a vida

O texto de São Mateus mostra atitudes relacionadas à fé:

- Aproximar-se de Jesus, deixar-se ficar diante dele.
- Confiar em Jesus e deixá-lo agir em nós e por nós.
- Manter-se fiel a Jesus, que permanece conosco, e esperar.

Se a fé envolve confiança, esperança e fidelidade, não nos referimos a coisas ou fatos, mas a um Alguém, uma Pessoa que acolhemos, aceitamos e conhecemos com intimidade. Ter fé, portanto, é crer em *Alguém*, não em *algo*.

- Qual o sentido dessa afirmação em sua vida?

Jesus elogiou a atitude do chefe da sinagoga, sem se importar com sua religião. Isso nos ensina que não são os símbolos cristãos que trazemos conosco, o Batismo recebido ou a participação na Missa que mostram que temos fé.

- O que realmente revela que somos pessoas de fé?

Ter fé traz consequências em nossa vida, porque nos comprometemos a viver conforme a nossa fé. Se não for assim, viveremos uma hipocrisia – afirmando que temos fé, fazendo diferente na vida.

- O que podemos fazer no nosso dia a dia para que nossa fé amadureça e seja sempre forte?

Celebrando a vida

O chefe da sinagoga e a mulher com hemorragia tinham pressa, medo e preocupação quanto ao futuro. Nós, muitas vezes, temos pressa para ter respostas de Deus, sentimos medo diante de alguma situação ou nos inquietamos com o que poderá acontecer conosco ou com aqueles a quem amamos. Jesus nos diz: "tem confiança!"(v. 22).

- Qual é seu maior desafio: a pressa, o medo ou a inquietação quanto ao futuro?

Jesus é a Luz em nossa vida. Siga a orientação do catequista e participe desse momento orante:

- Ao acender a vela peça a Jesus que o ajude a superar aquilo que mais o desafia.
- Rezando junto com seu grupo, peça a graça de viver com alegria a fé.

Creio, Senhor, mas transforma a minha fé.

Dá-me paciência para abandonar a pressa em ser atendido por ti e saber esperar o teu tempo, porque tu sabes o tempo certo de cada coisa.

Dá-me coragem para lutar contra a tentação do mais fácil, porque tu sabes a maneira certa de agir.

Dá-me serenidade e sabedoria para confiar em tua providência, porque tu sabes do que necessito em minha vida.

Faze, Senhor Jesus, que minha fé seja alegre e me leve a irradiar a felicidade de quem sabe que tem a tua companhia. Assim seja!

Juntos, rezemos: Sl 131(130),1-2.

[1] *Senhor, meu coração não é pretensioso, meus olhos não são arrogantes. Não ando à procura de grandezas nem de maravilhas fora do meu alcance.*

[2] *Pelo contrário, estou sossegado e tranquilo; como a criança saciada no colo da mãe, como criança saciada, minha alma está em mim.*

Transformando a vida

Uma fé viva e transformadora precisa de cuidados. A oração, a Palavra de Deus, a vivência dos sacramentos, a participação na comunidade eclesial e a experiência de servir são esses cuidados para perseverar na fé.

- Quais as suas disposições para cuidar da sua fé?

Uma reflexão para o caminho

São João Paulo II escreveu uma encíclica na qual refletia sobre a fé e a razão. Ao iniciar sua reflexão, ele afirmou:

> A fé e a razão constituem como que as duas asas pelas quais o espírito humano se eleva para a contemplação da verdade. Foi Deus quem colocou no coração do homem o desejo de conhecer a verdade e, em última análise, de conhecer a Ele, para que, conhecendo-o e amando-o, possa chegar também à verdade plena sobre si próprio (FR, 1998).

Venha e veja!

Nos encontros anteriores, você foi apresentado a Jesus, Filho de Deus, que se fez homem e nos falou sobre o Pai, revelando sua vontade: que todos sejam salvos; isto é, que todos possam viver a eternidade ao seu lado, participando da sua felicidade.

Todavia, Deus não se impõe. Ele não quer que ninguém siga seu Filho por obrigação nem por tradição ou por uma questão social: Deus quer que cada pessoa queira, livre e conscientemente, seguir Jesus.

Chegou o momento de tomar uma decisão: *você quer ser seguidor de Jesus Cristo, viver a sua Palavra, praticar seus ensinamentos e participar da sua Igreja?*

Em meio aos ruídos do mundo, a voz de Jesus ressoa com um convite: *você vem*?

Vida e Palavra se encontram

O primeiro passo para descobrir o chamado de Deus é saber ouvi-lo. Muitas vezes, Ele recorre a algumas pessoas, até mesmo desconhecidas, para nos chamar.

Texto bíblico: Jo 1,35-41.

➤ O que diz a Palavra?

- Que palavra você destaca nesse texto?

O que a Palavra diz para você?

Percebendo a presença dos dois discípulos, Jesus lhes pergunta: "o que estais procurando?" (Jo 1,38a). No Evangelho segundo São João, essas são as primeiras palavras pronunciadas por Jesus. Com elas, Ele dá aos dois homens a oportunidade de perceberem, eles mesmos, o que procuravam.

- E você, o que procura?

À pergunta de Jesus, os dois discípulos respondem com outra: "*Mestre, onde moras?*" (Jo 1,38b). Perguntam sobre uma casa: é o ser humano, que busca segurança. Jesus responde com um convite: "*vinde ver*" (Jo 1,39a). É um convite para fazer da própria vida uma experiência de fé, conviver com Ele e abandonar o estilo de vida que tinham. Jesus se manifesta a quem o procura com esse mesmo apelo.

- Você já teve um encontro muito marcante em sua vida? Pode partilhar como foi esse encontro e por que foi tão especial?

O texto narra um encontro que se dá na realidade da vida daqueles dois homens: sem combinações prévias, sem multidões, apenas a intimidade entre eles e Jesus. O encontro com Jesus é algo tão decisivo que o evangelista fez questão de registrar: "eram quase quatro horas da tarde" (Jo 1,39c). Podemos imaginar quantas perguntas os dois homens fizeram a Jesus e como Ele ensinava a descobrir a vontade divina.
Também é assim conosco: em muitos momentos da nossa vida, Jesus toma a iniciativa de falar ao nosso coração.

- Como você pode ouvir Jesus?

O convite de Jesus exige *permanecer* com Ele. Tem início, então, um novo caminho para aqueles dois homens: eles seguem Jesus para conhecê-lo pela escuta das suas palavras e pelo testemunho das suas ações.

- O que significa *permanecer*?
- Você está disposto a fazer a experiência de *permanecer* com Jesus?

➤ Trazendo a Palavra para a vida

João Batista apontou Jesus aos seus discípulos e eles passaram a seguir Jesus. Esse grupo de catequese, com seu catequista e os outros participantes, aponta Jesus a você; um anima o outro para juntos descobrirem o que é seguir Jesus. Precisamos uns dos outros para reconhecer Jesus que passa e nos faz um convite!

O passo seguinte é acolher o convite do Mestre para estar com Ele, que chama: *venha e veja*. Ver, não como vemos um objeto, mas, aproximando-nos de Jesus, estabelecendo laços e criando comunhão de vida.

- Ninguém pode fazer isso por nós, é uma decisão pessoal; de que depende esse passo?

Os dois discípulos ficaram tão impressionados com a Pessoa de Jesus, com seus gestos, palavras, olhar, que, mesmo ainda sem entenderem diante de quem estavam, concluíram: "encontramos o Messias!" Aí estão o fruto e a beleza do encontro pessoal com Jesus: não somos mais os mesmos, e queremos contar aos outros o que nos aconteceu para que também eles possam fazer a experiência de encontrar Jesus e o sentido da sua existência.

- Como podemos *contar aos outros* nossa experiência de Jesus?

Celebrando a vida

A vela, a Bíblia e a cruz nos recordam Jesus, Luz do mundo, Palavra viva e eterna, e sua entrega por nós. O nome nos identifica; sair do lugar é sinal de disposição.

- Você é convidado a dizer seu nome e a sair do seu lugar, aproximando-se desses símbolos organizados por seu catequista para formar um círculo com todos do grupo. Em silêncio, pense sobre o chamado que Jesus lhe faz para segui-lo e como você se sente com esse convite.
  - » O que você quer dizer a Jesus hoje?
- Escolha uma das frases, leia e complete (*porque... para que...*) conforme se sentir em relação a esse momento de sua vida.

Rezemos: Sl 118(117),1-2.

1 *Dai graças ao Senhor, pois ele é bom, pois seu amor é para sempre.*
2 *Diga Israel: "Seu amor é para sempre!"*

Transformando a vida

Em alguns dias você celebrará o *Rito da Admissão ao Catecumenato*, sua primeira grande experiência com a comunidade como catequizando adulto.

Celebrar a admissão significa que escutou, acolheu e guardou as palavras de Jesus, decidiu permanecer com Ele e ser seu seguidor.

- Que compromisso você assume mostrando a disposição em seguir Jesus?

Uma reflexão para o caminho

Como falar em permanecer nos nossos dias? As dificuldades que surgem na vida nos pedem para duvidarmos ou desistirmos. É um desafio permanecer: é sempre uma decisão entre continuar ou parar. Permanecer exige disciplina e motivação e, por isso, talvez seja mais fácil escolher o que é menos exigente.

Permanecer com Cristo é uma decisão que fazemos e renovamos a cada dia e que exige disciplina; significa deixar que Ele nos transforme e agir de acordo com suas palavras. Permanecer com Cristo é persistir "agarrado" a Ele a tal ponto que Ele viva em nós, como disse São Paulo: "Já não sou eu que vivo, é Cristo que vive em mim" (Gl 2,20s.).

Para saber mais...

1. Sinal da cruz, sinal do cristão

A marca do cristão é o sinal da cruz, sinal de pertença à comunidade dos cristãos. Por isso, a celebração da entrada no catecumenato, conforme o RICA, dá destaque ao sinal da cruz com o rito da assinalação, que começa quando o presidente da celebração diz:

> Vou marcar vocês com o sinal da cruz de Cristo, que é o sinal dos cristãos. Esse sinal vai daqui em diante fazer que vocês se lembrem de Cristo e de seu amor por vocês (RICA, n. 83).

A assinalação na fronte recorda ao catequizando que ele está sob a proteção de Cristo e que esse é o sinal de seu amor e de sua vitória. Concluindo o rito, quem preside diz ao catequizando: "Aprende a conhecê-lo e segui-lo" (RICA, n. 84). É incentivada, como rito auxiliar, a entrega de um cordão com uma pequena cruz como "recordação da assinalação" (RICA, n. 89).

Na Igreja nascente, a imposição da cruz sobre aqueles que pediam o Batismo tornou-se o primeiro rito e a expressão de uma primeira consagração a Jesus Cristo. E, em algum momento, mas ainda no início do cristianismo, o sinal da cruz tornou-se parte do dia a dia das pessoas que o repetiam com frequência.

Com os dedos juntos e estendidos, fazemos o sinal da cruz da fronte ao peito, do ombro esquerdo ao direito. Os cinco dedos estendidos recordam as cinco chagas, que são o *sinal da cruz* em Cristo.

Ao traçarmos o sinal da cruz sobre nós afirmamos três verdades fundamentais da nossa fé: proclamamos o Mistério da Santíssima Trindade ao dizermos "em nome do Pai, e do Filho e do Espírito Santo"; indicamos o Mistério da Encarnação do Filho de Deus ao descermos a mão da fronte ao peito; e indicamos a Salvação que Jesus nos deu na cruz ao levarmos a mão do ombro esquerdo ao ombro direito. Traçar o sinal da cruz, com respeito e convicção, é afirmar que conhecemos Jesus Cristo e manifestar a certeza do seu amor por nós e a nossa vontade de sermos seus discípulos.

2. O que é a Missa?

A Missa é a celebração mais importante dos cristãos e, sendo assim, precisa ser bem compreendida para bem participarmos e celebrarmos. Para isso, alguns elementos são importantes.

Jesus, sendo judeu, seguia a tradição e os preceitos religiosos do povo e celebrava a Páscoa judaica, recordando a ação de Deus que libertou seu povo da escravidão no Egito e dando graças por tudo o que Ele realizou. Pouco antes de se entregar à morte na cruz, Jesus celebrou com seus discípulos a ceia pascal; porém, deu a essa ceia um novo sentido: Ele antecipou o acontecimento da cruz.

Nessa última refeição, Jesus tomou o pão e o vinho, deu graças, partiu e repartiu com os discípulos. Esses gestos foram acompanhados pelas palavras: "Tomai, isto é o meu corpo... Isto é meu sangue da Aliança, derramado por muitos" (Mc 14,22.24).

Esse acontecimento, tão novo e tão importante, não poderia ficar esquecido; o próprio Jesus disse aos discípulos: "Fazei isto em memória de mim" (Lc 22,19). Fazer memória não é repetir: é atualizar. Fazendo memória, fazemos a experiência do que se passou com o povo e com Cristo, uma experiência de aliança. Deus continua a agir e nós atualizamos a aliança para dela fazermos parte. O gesto feito na missa é o mesmo gesto de Jesus na Última Ceia: nós cremos que é o próprio Jesus que o faz, por meio do sacerdote, com a comunidade que celebra com Ele a mesma e única ceia pascal. Não é representação: é, realmente, o mesmo gesto. Fazendo memória do gesto de Jesus, tornamos atual e com a mesma eficácia a sua entrega por nós, a Salvação que Ele conquistou para todos nós.

Cristo, enviado pelo Pai, enviou seus apóstolos para pregar o Evangelho a todas as pessoas, anunciando que, com sua morte e ressurreição, Ele nos libertou do poder da morte; e para celebrar o sacrifício, memorial da Última Ceia, e os sacramentos. Celebrando o **sacrifício**, eles concretizavam o que anunciavam com palavras.

Sacrifício, do latim *sacrificium*, significa fazer ou manifestar o sagrado; é a prática de oferecer à divindade a vida de animais ou pessoas, as colheitas e as plantações, como culto ou para agradá-la (Dicionário etimológico, [2008]).

A Igreja sempre foi fiel ao mandato de Jesus e, desde a época das primeiras comunidades (cf. At 2,41-47), nunca deixou de se reunir para celebrar o Mistério Pascal de Cristo, celebrando a **Eucaristia**, realizando a obra da Salvação.

Eucaristia, do grego *eukharistia*, significa dar graças, agradecer.

"Mistério da fé!" Que Mistério é esse, proclamado em cada missa? Não é apenas acreditar que estamos diante do Corpo e do Sangue de Jesus, presença real nas espécies eucarísticas. É ter a certeza de que Deus enviou seu Filho ao mundo, que se fez homem, morreu e ressuscitou para nos salvar e que voltará glorioso (Paro, 2019).

Na Missa recebemos o próprio Senhor como alimento. Entender isso nos faz entender que "é nosso dever e nossa salvação" darmos graças a Deus; isto é, celebrarmos a Eucaristia. A Missa deixa, então, de ser uma obrigação pesada para ser um festivo encontro de irmãos – entre nós e nosso com Jesus – com o Pai; e Ele vem ao nosso encontro por meio de seu Filho. Diante disso, devemos nos questionar: como não agradecer a Deus?

3. Compreender para bem celebrar a Missa

A Missa é um todo harmonioso, sem divisões. Porém, para ajudar a compreensão, podemos dizer que ela tem quatro momentos: os ritos iniciais, a Liturgia da Palavra, a Liturgia Eucarística e os ritos finais. Cada um desses momentos tem significados, gestos e palavras específicos, que serão aqui brevemente apresentados.

RITOS INICIAIS

Prepara os fiéis para celebrarem dignamente a Eucaristia.

- Após a procissão de entrada, o presidente da celebração beija o altar, demonstrando veneração pela mesa na qual será celebrada a ceia do Senhor; o altar simboliza o próprio Cristo, pedra angular da Igreja (cf. Ef 2,20).
- **Sinal da cruz**, primeira ação litúrgica, pela qual se constitui a assembleia em nome do Deus Trindade (dito apenas pelo sacerdote); iniciamos a Missa colocando a nossa vida e toda a nossa ação nas mãos da Santíssima Trindade; o nosso "Amém" significa reconhecer que Deus nos reúne em comunhão de fé. A saudação pelo presidente usa palavras inspiradas em textos da Bíblia, e nós respondemos reconhecendo que estamos reunidos pelo amor de Cristo.
- **Ato Penitencial:** mostramos que somos necessitados da misericórdia de Deus.
- **Hino de Louvor:** glorificamos a Deus pelo que é e pelas maravilhas em nosso favor.
- **Oração da Coleta**: o presidente reúne as intenções de todos e as apresenta a Deus; com o nosso "Amém" dizemos que aquela oração também é nossa.

LITURGIA DA PALAVRA

Deus fala à comunidade reunida como "povo de Deus".

- **Leituras:** primeira leitura, geralmente um texto do Antigo Testamento; salmo, uma resposta a Deus que nos falou; segunda leitura, extraída do Novo Testamento; Evangelho. Nos dias de semana há apenas uma leitura, o salmo e o Evangelho.

- **Homilia:** explicação e atualização da Palavra proclamada.
- **Profissão de fé:** afirmação pública daquilo em que cremos.
- **Oração da assembleia:** preces dirigidas a Deus, colocando em suas mãos as necessidades da Igreja, dos doentes e da própria comunidade.

LITURGIA EUCARÍSTICA

Memória da Última Ceia de Jesus com seus discípulos.

- **Apresentação das oferendas:** pão e vinho, frutos do trabalho do homem e da mulher, são apresentados a Deus junto com a nossa vida; a gota de água colocada no cálice simboliza a união da natureza humana com a natureza divina; o sacerdote lava as mãos, simbolizando sua purificação espiritual para oferecer o sacrifício.
- **Oração Eucarística:**
  - Convite a elevarmos os corações a Deus; prefácio, hino que nos introduz no Mistério Eucarístico; aclamação "Santo, Santo, Santo...".
  - Consagração das oferendas do pão e do vinho: o sacerdote pede ao Pai que envie o Espírito Santo e santifique as oferendas; pão e vinho tornam-se Corpo e Sangue de Cristo (transubstanciação); obediente e recordando o que Jesus fez na Última Ceia, o sacerdote diz suas palavras: "Tomai e comei... tomai e bebei..."; "Eis o Mistério da fé!", o infinito Mistério de Deus, que só é aceito por quem crê.
  - Orações pela Igreja: oramos pelo papa e pelo bispo, que ensinam e governam o povo de Deus, pelos falecidos e por nós, "povo santo e pecador".
  - "Por Cristo, com Cristo e em Cristo...", a grande doxologia: Jesus é o Caminho para o Pai; o "Amém" é nosso compromisso diante de tudo o que Deus fez e faz por nós, sobretudo por Cristo, com Cristo e em Cristo.

- Rito da Comunhão: Pai-nosso, pois receber o Corpo do Senhor exige comunhão com os irmãos; abraço da paz, como sinal de comunhão com Deus e com os irmãos; fração do pão, significando a união do Corpo e do Sangue do Senhor em uma mesma comunhão ao ser colocado um pequeno pedaço da hóstia no cálice; Cordeiro de Deus, uma alusão ao Cordeiro Pascal imolado, que tira o pecado do mundo, pois reconhecemos que somos indignos de receber o Corpo do Senhor; "Senhor, eu não sou digno...", reafirmamos que não somos dignos, mas Cristo vem se dar a nós; comunhão, quando nós nos tornamos um só em Cristo e aceitamos que o fruto da comunhão é nossa compaixão com os outros.

RITOS FINAIS

Envia os fiéis para viver a Eucaristia no mundo.

- **Oração de depois da comunhão.**
- **Saudação:** "O Senhor esteja conosco!", "Ele está no meio de nós": se Cristo está entre nós, devemos ter entre nós suas atitudes.
- **Bênção e despedida:** têm o mesmo sentido da bênção dada por Jesus a seus discípulos após a ressurreição, quando os enviou para pregar no mundo a sua Palavra. A comunidade se despede disposta a continuar a missão de Cristo no mundo. *Ite, Missa est!* – palavras da despedida em latim – significa o envio para anunciar Deus no mundo e ao mundo.

Tempo do CATECUMENATO

Catequese é aprender com Jesus

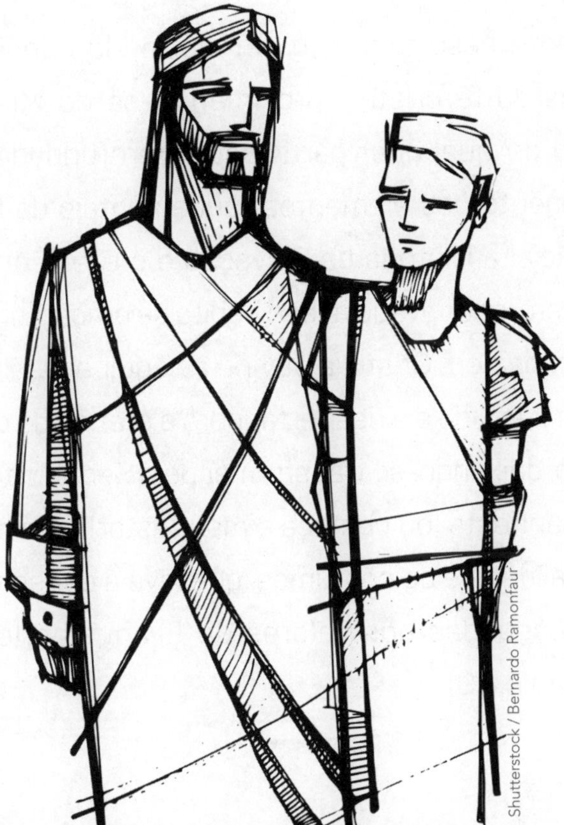

Shutterstock / Bernardo Ramonfaur

O que é o tempo do catecumenato

A fé inicial precisa ser educada e alimentada. Assim, no tempo do catecumenato a pessoa recebe formação e se exercita na prática cristã para que as intenções iniciais, manifestadas na celebração da entrada no catecumenato, possam amadurecer. Esse é o tempo da catequese propriamente dita, isto é, do ensino e da aprendizagem, apoiado em reflexões sobre a Palavra de Deus.

Durante esse tempo, o catequizando conhecerá as verdades da fé cristã, aproximando-se do Mistério da salvação do qual quer participar e aprofundando-se no entendimento dos elementos fundamentais da fé cristã, em especial a História da Salvação e o Creio. Ao mesmo tempo, será incentivado a ter o hábito da oração, crescendo na esperança em Cristo, a ouvir e a seguir a inspiração de Deus em sua vida e a despertar para a prática da caridade. Com isso, deixando-se transformar pelo Senhor, o catequizando manifesta (ou começa a manifestar) uma mudança de mentalidade e de costumes, que leva a consequências sociais baseadas nos valores do Evangelho (cf. RICA, Introdução n. 19).

11

Bíblia, mensagem de Deus para a humanidade

Começamos um novo tempo no caminho da catequese: o catecumenato. É um tempo para conhecer melhor o projeto que Deus tem para você, para se tornar mais próximo de Jesus Cristo e conhecer mais os seus ensinamentos. Por isso, iniciaremos esse tempo do catecumenato conhecendo a Bíblia, que é o livro da Palavra de Deus.

> A palavra **bíblia**, com origem na língua grega, significa *livros* ou um conjunto de livros.

Quem escreveu a Bíblia?

Deus se comunicou com a humanidade ao longo da história, primeiro oralmente e depois pela palavra escrita. Ele escolheu pessoas que, com suas próprias capacidades e com a inspiração divina, escreviam sua mensagem. Então, a primeira certeza diante da Bíblia é: o próprio Deus se comunicou com a humanidade por meio de pessoas que, inspiradas por Ele, escreveram tudo aquilo, e só aquilo que Ele queria (cf. DV, n. 11).

Quando a Bíblia foi escrita?

A Bíblia foi escrita ao longo de muitos séculos; alguns textos datam de mais de 1200 anos antes da encarnação de Jesus Cristo, e outros foram escritos cerca de 100 anos depois do seu nascimento.

Como são textos de diferentes autores, escritos em diferentes épocas, é importante perceber que na Bíblia há histórias, poesias, orações, genealogias, provérbios, cartas, parábolas, fatos, narrativas simbólicas. Também é preciso entender o sentido das imagens usadas, próprias da época em que os textos foram escritos.

Como a Bíblia está organizada?

Duas grandes coleções formam a Bíblia: o Antigo Testamento e o Novo Testamento, com livros escritos antes e depois do nascimento de Jesus, respectivamente. A Bíblia católica apresenta 73 livros: 46 constituem o Antigo Testamento, e 27 formam o Novo Testamento.

A palavra *testamento* (de origem hebraica) significa aliança; portanto, a Bíblia narra as duas grandes alianças que Deus fez com a humanidade. No Antigo Testamento é narrada a primeira Aliança, firmada com Moisés; os livros mostram a caminhada do povo de Israel, que percebeu em sua história a ação de um Deus amigo e libertador e aceitou ser o povo da Aliança. Nos livros do Novo Testamento encontramos a segunda Aliança, que se deu com Jesus Cristo; eles nos apresentam a sua vida e a formação das primeiras comunidades cristãs.

Em que língua foi escrita a Bíblia?

O Antigo Testamento foi escrito, quase todo, em hebraico; o Novo Testamento foi escrito em grego (à exceção de parte do Evangelho segundo São Mateus, escrita em aramaico). Por volta do século III antes de Cristo, foi feita uma tradução dos textos para o grego, conhecida como *septuaginta* ou "versão dos Setenta". A *Vulgata,* primeira tradução para o latim, foi feita por São Jerônimo, entre os séculos IV e V.

Para que a Bíblia foi escrita?

Pela Bíblia conhecemos tudo o que Deus fez em favor da humanidade: a criação do mundo e de tudo o que nele existe, a desobediência do homem e da mulher e as promessas de Deus, a encarnação de Jesus Cristo e sua morte redentora, a vida das primeiras comunidades cristãs e o anúncio do Evangelho até "os confins da terra". Os textos bíblicos narram o passado, mostrando o presente e anunciando o futuro; assim, sustentam, animam e mantêm unido o povo, de todos os tempos, que caminha rumo ao Pai.

Vida e Palavra se encontram

Deus é o autor da Bíblia; portanto, ela ensina, fielmente e sem erros, toda a verdade necessária para a salvação da humanidade. Você não deve se perguntar "*Isso aconteceu mesmo?*" ou "*Isso aconteceu assim?*", mas *porque* e *para que* aconteceu.

O Profeta Isaías inspira e convida a contemplar a graça de Deus e a buscar a sabedoria e a salvação que Ele nos dá.

Texto bíblico: Is 55,1-11.

➤ **O que diz a Palavra?**

- O que chama sua atenção nesse texto?

➤ **O que a Palavra diz para você?**

O Profeta Isaías não se refere apenas à necessidade física de água, mas à busca por aquilo que é verdadeiramente importante para nossa vida. Ele nos faz pensar em como insistimos em buscar coisas passageiras e/ou imediatas.

> A Palavra de Deus é água que vem ao encontro da nossa necessidade.

- Pense em sua vida: *que sede você tem?*
- O que é mais fácil: *ouvir a Palavra de Deus ou a palavra do mundo? Por quê? Uma e outra lhe pedem o mesmo e lhe dão o mesmo?*

> As palavras do profeta são um alerta para buscarmos a Deus. Somos desafiados a abandonar nossos próprios caminhos e seguir pelos caminhos que Ele nos indica.

- A Bíblia ajuda você a crescer na confiança em Deus?

A chuva e a neve caem do céu como fonte de vida e de benefícios para a criação. O profeta diz que a Palavra de Deus, da mesma maneira, cumpre seu propósito divino; ela é capaz de nos transformar para realizarmos a proposta de Deus no mundo.

- Qual o propósito da Palavra de Deus para sua vida?

➤ **Trazendo a Palavra para a vida**

A Palavra de Deus é um bem valioso e não pode ser guardado só para nós: como a chuva, que beneficia toda a terra, ela precisa ser partilhada para transformar vidas.

- Como podemos partilhar a Palavra?
- A Palavra é viva e eficaz: *o que isso significa?*

Celebrando a vida

A Bíblia é convite a buscarmos a graça que Deus, amorosamente, oferece a todos.

- ▶ Escolha um papel dentre aqueles que o catequista oferecerá. Depois de ler e refletir sobre o versículo escrito nele, partilhe com o grupo:
  - » O que esse versículo diz para sua vida?

Deus conhece o que você tem no coração e nunca deixa de se oferecer em sua vida, esperando, como alguém apaixonado, sua resposta.

- ▶ Em silêncio, converse com Deus. Ele quer ouvir você.
- ▶ Façamos nosso agradecimento a Deus:

Senhor, nosso Deus, vós nos destes um livro, escrito por muitas mãos, narrando tudo o que fizestes por nós. É uma carta de amor, porque vós sois Amor. Quero, agora, vos agradecer. E o melhor agradecimento é ser uma bíblia viva, na qual o mundo possa ler, sem borrões e sem falsificações, a vossa vontade. Ajudai-me, Senhor, a viver a vossa Palavra. Amém.

Rezemos: Sl 119(118), 103.105.

[103] *Quão doces ao meu paladar são tuas promessas: mais que o mel à minha boca!*

[105] *Tua palavra é uma lâmpada para meus passos e uma luz para meus caminhos.*

Transformando a vida

- Você conheceu mais sobre a Bíblia e sua importância para sua vida cristã. Que compromisso você quer assumir em relação à Palavra de Deus?

Uma reflexão para o caminho

O que significa buscar o Senhor? É aproximar-se dele, conhecer sua vontade e obedecê-la; buscar exige empenho, comprometimento e paciência. E Deus promete: "Vós me buscareis... Eu me deixarei encontrar por vós..." (Jr 29,13-14a).

Muitas vezes, procuramos Deus para resolver problemas ou para conseguir o que não conseguiremos sozinhos. Para o Papa Francisco, buscar a Deus "não é acrescentar práticas religiosas ou observar preceitos especiais; é acolher Jesus na vida, viver uma história de amor com Ele" (Papa Francisco, 2021).

12

História da Salvação, história de cada um de nós

Pense nas pessoas e acontecimentos importantes para o seu crescimento como ser humano e para a sua relação com Deus.

- Em uma folha de papel faça um desenho da linha da sua vida. Ela mostra a sua história.
  - Quem são as pessoas importantes na sua história de vida?
  - Quais os acontecimentos importantes em sua vida?

Deus quis que todos os seres humanos formassem um só povo, o seu povo. Assim, teve início uma história com dois personagens: um povo, escolhido para, junto com Deus, fazer acontecer no mundo o seu Projeto de amor; e Deus que, para se revelar, agia na vida desse povo.

Freepik / macrovector

Essa história de vida, narrada na Bíblia, é a História da Salvação. Ela é a revelação que Deus faz de si mesmo e do seu agir na história para libertar; isto é, para salvar a humanidade. Para Ele, *salvar* é libertar, é devolver à pessoa sua dignidade de filho de Deus. Vamos conhecer alguns acontecimentos dessa história que nos ajudam a entender melhor como ela se desenvolveu.

A história do povo de Deus começou, cerca de 19 séculos antes da encarnação de Jesus Cristo, com um chamado de Deus a **Abraão**, um pastor nômade, homem bom e justo. Abraão ouviu o chamado de Deus (cf. Gn 12,1-4), acreditou e confiou, e Deus fez com ele uma aliança eterna. Foi a Abraão que Deus prometeu, pela primeira vez, formar seu povo e, por isso, ele é considerado o "pai de uma multidão de nações" (Gn 17,5). Abraão, seu filho Isaac e seu neto Jacó são os *patriarcas*, pais e fundadores do povo de Deus.

Os descendentes de Jacó, que haviam partido para o Egito em busca de uma vida melhor, foram escravizados; esquecendo suas raízes, assumiram o jeito de pensar dos opressores. Quase três séculos depois, surgiu um líder: **Moisés**, que se sentiu chamado por Deus para libertar seu povo. Unindo e conscientizando as pessoas, Moisés conseguiu que saíssem do Egito: foi a *páscoa da libertação*.

Enquanto o povo atravessava o deserto rumo à Terra Prometida, Deus dava sinais do seu amor; junto ao Monte Sinai, comprometendo-se a viver como verdadeiro povo de Deus e a seguir sua lei, o povo fez uma *aliança* solene com Ele. Esses dois acontecimentos – a *páscoa da libertação* e a *aliança* – marcaram profundamente toda a história do povo de **Israel**.

Israel é o nome que Jacó recebeu e passou aos seus descendentes e ao povo eleito (Bíblia Sagrada, 2012).

Ao mesmo tempo em que lutava para conquistar a Terra Prometida, o povo se organizava; esquecendo a Aliança, foi novamente escravizado e, recordando-se da libertação do Egito, clamou ao Senhor. **Juízes** foram estabelecidos para libertar o povo dos inimigos. Olhando para os reinos vizinhos e esquecendo a fidelidade a Deus, o povo quis também um exército e um **rei:** assim se constituiu a monarquia, na qual se destacam o reinado de Saul, Davi e Salomão.

Com a morte de Salomão, lutas políticas levaram à divisão do reino em dois: Israel, ao Norte, e Judá, ao Sul. Os poderosos tornavam-se cada vez mais ricos e o povo cada vez mais pobre, e a desunião enfraqueceu o povo: a Assíria invadiu e acabou com o reino do Norte; a Babilônia invadiu o Sul, levando o povo ao exílio.

Nessa época, surgiram os **profetas**. Eram homens comuns que, em nome de Deus, denunciavam as infidelidades do povo, relembravam a Aliança e anunciavam uma nova esperança: o Messias, o libertador definitivo. O último profeta foi João Batista; Deus, pouco a pouco, portanto, preparou o seu povo para a "nova e eterna Aliança" que se cumpriu com a vinda do verdadeiro Salvador, **Jesus de Nazaré**.

Vida e Palavra se encontram

Podemos comparar nossa história àquela do povo de Deus. Também nós somos acompanhados por Ele, que quer nos salvar. O autor da Carta aos Efésios apresenta um louvor a Deus e um agradecimento pela graça da salvação que dele recebemos.

Texto bíblico: Ef 1,3-12.

O que diz a Palavra?

- Qual versículo chama sua atenção?

O que a Palavra diz para você?

- Você percebe o agir de Deus em sua vida?

O autor nos oferece um canto de alegria e de esperança e diz o motivo: em Cristo, Deus nos abençoou com todas as bênçãos espirituais: a eleição (v. 4), a **predestinação** (v. 5s.), a libertação e a salvação (v. 7s.), a revelação do Mistério divino (v. 9s.), a herança prometida (v. 11s.).

> **Predestinação** é o plano e o conhecimento prévio que Deus tem de nossa salvação (Bíblia Sagrada, 2012).

- Qual das bênçãos toca mais você? Por quê?

Trazendo a Palavra para a vida

Atualmente, há muitas propostas "salvadoras" no mundo: empresas, políticos e influenciadores prometem saúde, vitalidade, juventude, privilégios, dinheiro...

- Diante dessas propostas, como você se posiciona? Como discernir a que somos chamados?

Em Jesus, Deus revela seu Projeto de salvação. Ele manifesta, por toda a terra, sua intenção a nosso respeito: que todos sejam salvos, porque Ele ama sem distinção a todos.

- Como podemos mostrar ao mundo as bênçãos citadas no texto?

Celebrando a vida

Com a caminhada do povo no deserto, guiado por Moisés e conduzido por Deus, aprendemos a confiar nele, que ouve nosso clamor e vê nossas dificuldades, quer o nosso bem e está sempre pronto para nos libertar.

- Você, com todo o grupo, fará a experiência de caminhar recordando o povo de Deus no deserto: de um lugar que nos faz pensar sobre a situação no Egito para outro, que nos lembra o agir de Deus na história. Em cada lugar, refletiremos sobre o significado de algumas palavras. Enquanto caminhamos, recordemos a ação de Deus libertando o povo e pensemos no seu agir em nós.

Rezemos, todos juntos: Sl 78(77),3-4.

[3] *O que ouvimos e aprendemos, o que os pais nos contaram,*

[4] *não o ocultaremos aos seus descendentes, mas o transmitiremos à geração seguinte: os feitos gloriosos do Senhor, seu poder e as maravilhas que fez.*

Transformando a vida

Somos continuadores da história vivida e contada na Bíblia. É na história de cada um de nós que Deus faz a História da Salvação!

- Que compromisso você quer assumir como protagonista e continuador da História da Salvação?

Uma reflexão para o caminho

Como eu quero ser salvo? À minha maneira, de um modo que me faça bem? Ou do jeito de Deus, no caminho de Jesus, que sempre nos surpreende e nos conduz ao Mistério de Deus, que é misericórdia e perdão? Procuro quem me ensine outras formas para minha salvação? Ou acolho aquela que Jesus me oferece, na gratuidade do seu amor? (Papa Francisco, 2014).

13

A liberdade do ser humano

Ser livre, sem dúvida, é desejo de todos, e muitas questões são importantes quando o assunto é liberdade.

- Afinal, o que é liberdade?
- Você se considera uma pessoa livre? Por quê?

Ao falarmos sobre liberdade, a primeira ideia que surge diz respeito às imposições feitas a alguém, o que implica ser livre de algo ou de uma situação que limita ou desagrada a pessoa. Somos *livres de* quando nos damos conta de que somos mais valiosos do que aquilo que o mundo quer nos impor.

- E o que significa "ser livre para"?

Quando não somos mais movidos pelo mundo nem pelos outros, mas pelo que identificamos como valores verdadeiros, nós nos tornamos *livres para* fazer, ter, falar etc.

Vida e Palavra se encontram

O ser humano é a criação predileta de Deus, imagem e semelhança do Criador, e a liberdade é um dom inseparável à nossa condição. Ninguém melhor do que Jesus para nos ensinar como sermos livres.

Texto bíblico: Jo 8,31-36.

➤ **O que diz a Palavra?**

- O que você destaca nesse texto?

➤ O que a Palavra diz para você?

- Para você, o que é a verdade?

A verdade a que Jesus se refere não é um conjunto de regras ou de comprovações científicas: é a verdade de Deus. Jesus disse: "Eu sou o Caminho, a Verdade e a Vida" (Jo 14,6). Portanto, conhecer a Verdade é conhecer Jesus Cristo e acolher sua Palavra. Conhecer, no sentido bíblico, é muito mais do que um entendimento intelectual: é algo pessoal e íntimo, que só pode surgir da experiência. E não existe experiência sem proximidade.

> Então, para conhecer a Verdade e ser realmente livre é preciso *permanecer* na Palavra de Jesus.

- O que significa permanecer na Palavra de Jesus?

> Somente Jesus pode nos falar sobre o plano do Pai para nós. Assim, *com Ele* nos libertamos dos nossos projetos pessoais, das influências do mundo, das nossas tendências para o mal e, *com Ele*, enxergamos os sinais de esperança e de vida plena de que nos fala. Conhecer a Verdade, portanto, motiva a olharmos para nossa vida para que ela seja transformada.

- Olhando para sua vida, pense: do que você precisa se libertar?

> *Livre de* imposições, *livre para* viver de acordo com seus valores, a pessoa se torna *livre para ser,* e pode viver a vocação a que é chamada: ser filha e filho de Deus.

- Como podemos viver a verdadeira liberdade de filhos de Deus?

> Somos livres para sermos quem temos que ser quando nos tornamos mais conscientes de nós mesmos, dos outros e da realidade do mundo à nossa volta.

- Por que algumas pessoas dizem que seguir Jesus é perder a liberdade?

- **Trazendo a Palavra para a vida**

  Todos nós temos uma mesma natureza – humana – e uma mesma origem – Deus; uma mesma dignidade – filhos de Deus – e os mesmos direitos que ela nos dá. Porém, somos muito diferentes uns dos outros: na idade, na capacidade física, nas habilidades, nas riquezas. Deus quer que cada um tenha necessidade do outro, e isso estimula o serviço mútuo (cf. ClgC, n. 1934-1936;1946). É o que ensina São Paulo: "Vós fostes chamados à liberdade... colocai-vos a serviço uns dos outros" (Gl 5,13).

  - Como a Verdade pode transformar suas relações pessoais e suas decisões?

Celebrando a vida

- Você é chamado a refletir sobre sua liberdade e o que ela significa em sua vida, seguindo alguns passos.

  1° passo: Perceber a presença de Deus
  Em silêncio, feche seus olhos; pare para refletir sobre a presença de Deus. Sinta o bater do seu coração. Peça a Deus a graça de estar aberto ao que Ele quer dizer a você agora.

  2° passo: Tomar consciência de mim
  Pense em sua vida; você existe em uma grande rede de relações – com a criação, com as outras pessoas, com Deus. O que mantém você nessa rede de relações? Como se sente? Você identifica relações distorcidas, que o aprisionam?

  3° passo: Deus me quer livre
  Se nos deixamos transformar por Cristo-Verdade, renovamos nossos julgamentos. Abandonando o que nos aprisiona e acolhendo a proposta de Deus, mudamos a maneira como interagimos com o mundo: somos livres. Porém, Deus respeita nossas escolhas e não nos obriga a sermos livres.

4° passo: Conversar com Deus

O que está em seu coração que quer dizer a Deus agora? Que dúvida, preocupação, tristeza você quer entregar a Ele? Que alegria você traz, o que quer agradecer?

5° passo: Entregar-se a Deus (todos juntos)

Senhor Deus, dai-me esperança para viver com segurança e fé.

Dai-me a segurança dos vossos caminhos para seguir sem medo.

Dai-me força diante dos apelos que tentam me seduzir, para que eu não seja escravizado, mas me deixe seduzir apenas por vós.

Dai-me discernimento e sabedoria para escolher e decidir.

Dai-me coragem para sempre buscar a Verdade para viver a liberdade para a qual me criastes. Amém.

Rezemos: Sl 71(70),2-3.

2 *Por tua justiça me livrarás e me libertarás. Inclina para mim teus ouvidos e salva-me!*

3 *Sê para mim a rocha de refúgio sempre acessível, porque decidiste salvar-me. Sim, és meu rochedo e minha fortaleza.*

Transformando a vida

Deus quer que cada pessoa viva na liberdade. Essa liberdade nos leva a acolher e a buscar viver seu projeto para cada um de nós.

- Qual seu propósito para viver como pessoa verdadeiramente livre?

Uma reflexão para o caminho

Deus nos deu a liberdade para fazermos o bem, mas também nos deu a possibilidade da escolha para que nossos gestos e ações sejam baseados em nossa vontade. Santo Agostinho, apresentando suas ideias sobre a liberdade e sobre a origem do mal, afirmou que o livre-arbítrio, a capacidade de escolher entre o bem e o mal, é um dom de Deus que permite ao ser humano agir livremente segundo a sua vontade. Para ele, o livre-arbítrio está mais relacionado à vontade, é algo do interior da pessoa; a liberdade se expressa no exteriormente (Onesko, 2018).

14

Os Mandamentos são garantia da liberdade

Uma lei é uma norma de comportamento definida por uma autoridade competente visando o bem comum (cf. CIgC, n. 1951).

- As leis são necessárias para nossa convivência?

A *lei natural*, gravada na alma de todos os seres humanos, é a razão humana ordenando fazer o bem e evitar o mal (cf. CIgC, n. 1954). Ela exprime a dignidade da pessoa e é a base de seus direitos e deveres fundamentais (cf. CIgC, n. 1956). Porém, muitas vezes ela é esquecida e, consequentemente, as pessoas perdem direitos e tornam-se, de alguma maneira, escravos de si mesmos e dos outros.

- Atualmente as pessoas vivem livres ou escravizadas?

Quando o povo escravizado no Egito clamou a Deus, Ele ouviu (cf. Ex 3,7-10) e fez crescer no coração das pessoas a vontade de sair da escravidão. Saindo do Egito, o povo percebeu que não adiantava ser livre sem saber como viver a liberdade, e que só em uma sociedade muito diferente daquela do Egito, sem oprimidos e sem privilegiados, poderiam viver unidos.

Vida e Palavra se encontram

No Livro do Êxodo estão narrados os acontecimentos relacionados à Aliança entre Deus e o povo. Nós vamos refletir sobre o texto da Lei: os Dez Mandamentos.

Texto bíblico: Ex 20,1-17.

- **O que diz a Palavra?**
  - Qual mandamento mais chama sua atenção? Por quê?

- **O que a Palavra diz para você?**

Deus, ao apresentar a Lei, recorda sua autoridade de Libertador: Ele é aquele que libertou o povo da escravidão; e diz o motivo para a Lei: que o povo permaneça livre e não volte a ser escravizado. Por isso, e para isso, Deus aponta um caminho seguro na igualdade e na justiça: os mandamentos, Lei de Deus ou Decálogo.

Os três primeiros mandamentos nos fazem pensar sobre nossa relação com Deus.

"Não terás outros deuses além de mim..."

Se Deus não está acima de tudo em nossa vida, outros "deuses" tornam-se importantes: o que os outros pensam sobre nós, o que a mídia recomenda, prestígio, poder, consumismo...

- De quais "deuses" em sua vida você precisa se libertar?

"Não pronunciarás o nome do Senhor teu Deus em vão..."

Não adianta dizer "Deus é o Senhor da minha vida" e não mostrar nas atitudes e nas palavras: isso também é pronunciar o nome de Deus em vão.

- Como você vive esse mandamento?

Não podemos usar o nome de Deus como ameaça, com fanatismo ou com fins políticos; porém, existem mortes causadas por "guerras santas" e o nome de Deus é usado para justificar situações de autoritarismo.

- O que você pensa sobre isso?

"Lembra-te de santificar o dia do sábado..."

O descanso semanal é para recordarmos e celebrarmos o Deus Libertador, e nunca mais voltarmos à escravidão dos nossos caprichos pessoais ou dos interesses de outras pessoas.

> Para os judeus, o dia reservado ao louvor de Deus era o sábado, o descanso de Deus depois da Criação, recordando e celebrando a libertação da escravidão. Para nós, cristãos, o dia do Senhor, *Dominus Dei*, é o Domingo; significa a nova criação inaugurada com a ressurreição de Jesus Cristo.

- Para você, o que é importante no Domingo?

Os outros mandamentos dizem respeito ao nosso relacionamento com as pessoas e trazem orientações para a organização do povo.

"Honra teu pai e tua mãe..."

A família é a base da sociedade. Respeitar, valorizar, obedecer e reconhecer o que nossos pais fizeram por nós é honrá-los e respeitar a nossa própria origem.

- Como você vê seus pais? Reconhece e respeita suas limitações?

O mandamento implica valorizar e respeitar a família biológica, humana e cristã.

- O que significa isso? Qual é a sua família humana? Qual é a sua família cristã?

"Não matarás"

- Que maneiras de "matar" uma pessoa você vê no mundo hoje?

A Igreja, fiel à vontade de Deus, condena o aborto, a eutanásia, o uso de drogas, os grupos de extermínio, o terrorismo, a pena de morte, a manipulação de genes (exceto para melhorar a condição de vida das pessoas), a fome, as situações de miséria e de exclusão geradas por leis, costumes, políticas ou tradições.

- O que você pensa sobre tudo isso?

"Não cometerás adultério"

O povo descobre que só é possível viver a comunhão (*comum + união*) se houver fidelidade e respeito mútuos. A fidelidade a Deus exige ter a pessoa por inteiro – e, portanto, também sua sexualidade – em favor da vida plena para todos.

- Atualmente, o que atrapalha a fidelidade nos casais?

O mandamento obriga a lutar contra a exploração de mulheres, crianças e jovens, contra o machismo, a misoginia, a prostituição.

- O que você pensa sobre isso?

"Não furtarás"

Existem alguns sentidos para "*não furtarás*" além do sentido comum; o mandamento também trata da exploração de pessoas, do lucro fácil à custa dos outros, da apropriação indevida do que é, de direito, de outras pessoas, e exige justiça e caridade na gestão dos bens terrenos.

- No dia a dia, como você pode defender esse mandamento?
- Você se preocupa em escolher políticos realmente preocupados com o bem do povo?

"Não darás falso testemunho..."

O mandamento protege a pessoa de falsas notícias ou falsos testemunhos que prejudicam sua vida e podem levar a distorções em seus direitos. Priorizar a verdade em todas as situações exige recusar tudo que destrói a confiança entre as pessoas, como corrupção, boatos, fofocas e *fake news*.

- Você se preocupa com a autenticidade das informações que propaga?

"Não cobiçarás a mulher do próximo e não cobiçarás as coisas alheias"

Os mandamentos abordam o respeito na relação com o outro (*não cobiçar a mulher do próximo*) e o direito de todos a um salário decente, a um trabalho digno e à posse de bens (*não cobiçar as coisas alheias*); e proíbem a inveja e a ambição desregrada, frutos de "deuses pessoais" como o *ter* e o *poder*.

- Como você pode ser libertar de sentimentos de cobiça que o escravizam?

➤ Trazendo a Palavra para a vida

Cada mandamento combate uma opressão vivida pelo povo no Egito. Por isso, para percebermos a importância dos mandamentos em nossa vida, precisamos identificar o mal que eles combatem e como apontam para uma vida melhor.

- Quais clamores que sobem até Deus hoje?

Viver os mandamentos em todas as dimensões da nossa vida é tornar possível uma sociedade baseada no respeito, na justiça, na dignidade e na liberdade. Em cada um deles está a exigência do amor a nós mesmos, ao outro e, acima de tudo, àquele que é Amor.

- Como os mandamentos são entendidos e vividos atualmente?

Celebrando a vida

No deserto, os mandamentos orientavam a caminhada do povo para a liberdade, vivida na fraternidade entre todos e na fidelidade a Deus. Atualmente, eles indicam como sair do deserto do nosso "eu", onde vivemos escravizados por nosso egoísmo e por nossa ambição, para viver a liberdade seguindo nos caminhos de Deus.

- ▶ Você receberá, simbolicamente, os mandamentos escritos em um cartão. Com essa entrega, está o convite para que eles sejam vividos em todos os seus dias. Lembre-se de que Deus precisa de você, e de cada pessoa, para ajudá-lo a construir um mundo verdadeiramente livre.

Rezemos juntos: Sl 15(14),1-3.

[1] *Quem, Senhor, poderá hospedar-se em tua tenda? Quem poderá habitar em teu monte santo?*

[2] *Aquele que age com retidão e pratica a justiça; que, no fundo do seu coração, diz a verdade*

[3] *e não traz a calúnia na língua; que não causa dano ao seu companheiro nem insulta seu próximo.*

Transformando a vida

Somos chamados a lutar contra tudo o que nos escraviza e escraviza o outro.

- Qual seu compromisso em favor de um mundo melhor para todos?

Uma reflexão para o caminho

Os mandamentos são o coração da Aliança; eles não são uma imposição, mas um dom de Deus para que o povo vivesse a liberdade e o amor. Somos o povo de Deus hoje e, para nós, a Aliança significa uma missão: romper com tudo que oprime e explora as pessoas, e manter a memória viva do Deus Libertador.

15

Encontro celebrativo

Bem-aventurados são vocês!

Canto

ACOLHIDA

Catequista: Hoje nos reunimos para refletir sobre palavras muito conhecidas de Jesus: as Bem-aventuranças. Iniciemos esse momento celebrativo trazendo presente aquele que nos deu a vida: *em nome do Pai e do Filho e do Espírito Santo.*

Todos: Amém.

Catequista: *A graça e a paz de Deus, nosso Pai, e de Jesus Cristo, nosso Senhor, estejam com vocês!* (cf. Fl 1,2)

Todos: Bendito seja Deus que nos reuniu no amor de Cristo!

RECORDAÇÃO DA VIDA

Catequista: Em cada encontro, fomos chamados a ter os ouvidos abertos para escutar a Palavra de Deus e os olhos voltados para o mundo, para nele descobrirmos a Palavra que se manifesta. Quem gostaria de recordar fatos, pessoas ou situações que marcaram esse tempo desde o início da catequese?

HINO

Jesus Cristo, vida do mundo[1].

---

1 Texto retirado do *Ofício Divino das Comunidades*. Hino n. 68. São Paulo: Paulus, 1994.

Grupo 1: Não é vida a vida que se vive por engano,
essa triste vida que não tem calor humano;
pois viver a vida é muito mais do que aparência
de viver a vida que só é sobrevivência.

Todos: Jesus Cristo é a vida, é a vida do mundo.

Grupo 2: Não é vida a vida que se vive como escravo,
sem ter voz ou vez, sem lar, abrigo nem centavo;
pois viver a vida é como a busca da aventura:
só é vida a vida quando a liberdade dura.

Todos: Jesus Cristo é a vida, é a vida do mundo.

Grupo 1: Não é vida a vida que se vive sem futuro,
que só tem memória, só passado vago e escuro;
pois viver a vida é muito mais do que lembrança:
só é vida a vida que ressurge da esperança.

Todos: Jesus Cristo é a vida, é a vida do mundo.

Grupo 2: Essa vida é a vida que em Jesus nós alcançamos.
Quando junto a Ele o mundo injusto transformamos,
e vencendo a morte, as opressões e a tirania,
viveremos sempre no seu Reino de alegria.

Todos: Jesus Cristo é a vida, é a vida do mundo.

LEITURA BÍBLICA

Catequista: As Bem-aventuranças estão no início de uma das páginas mais conhecidas do Evangelho: o sermão da montanha. Ser bem-aventurado é ser feliz. E todas as pessoas querem uma vida feliz, ainda que escolham caminhos diferentes para alcançar a felicidade. Falando à multidão, e a nós, Jesus propõe a todos os seres humanos um caminho de felicidade.

Texto bíblico: Mt 5,1-12.

Refrão meditativo

Catequista: Leia, mais uma vez, em silêncio, e deixe-se tocar pelo texto. Escute o que Jesus quer dizer a você; deixe que essas palavras se misturem com sua vida, veja o caminho que Ele lhe indica.

Refrão meditativo

MEDITAÇÃO

Catequista: "As Bem-aventuranças são como que o bilhete de identidade do cristão", afirmou o Papa Francisco. Portanto, disse ele, para saber como ser um bom cristão, é preciso olhar para as Bem-aventuranças, porque elas mostram o rosto de Jesus, que devemos transparecer em nossa vida. Porém, essas palavras de Jesus vão na direção oposta ao estilo de vida que o mundo quer nos conduzir. Para Francisco, as Bem-aventuranças não são um compromisso superficial e, para vivê-las, precisamos da força do Espírito Santo para nos libertarmos do egoísmo, da preguiça, do orgulho. Voltemos a escutar Jesus, com o amor e o respeito que Ele merece, pede o papa, e permitamos que Ele nos desafie com suas palavras e nos chame a uma mudança real de vida. (cf. GE, n. 63.65.66).

Refrão meditativo

ENTREGA DAS BEM-AVENTURANÇAS

Catequista: Com as Bem-aventuranças Jesus nos oferece um programa de vida que Ele próprio assumiu, fazendo-se pobre, sedento de justiça, vivendo a mansidão, praticando a compaixão. Esse é nosso compromisso como seguidores do Senhor: ouvir, colocar em prática suas palavras e viver as Bem-aventuranças.

De forma simbólica, entregaremos a cada um de vocês um cartão com o texto das Bem-aventuranças. Como a multidão na montanha, recebam como bênção que pede novas atitudes. Que elas produzam frutos de vida! Amém!

Canto (durante a Entrega das Bem-aventuranças.)

Catequista: Jesus disse que devemos ser luz no mundo (cf. Mt 5,15), porque quem vive a fé torna-se luz. E, para viver a fé, precisamos ouvir, meditar e praticar a Palavra de Jesus. Você é convidado a escolher, dentre essas velas que aqui estão, aquela que mostra como você se vê nesse momento da sua caminhada de fé.

Catequista: Jesus também afirmou: "Eu sou a Luz do mundo; quem me segue não caminha na escuridão" (Jo 8,12). Essa vela acesa nos recorda Jesus, Luz verdadeira para nós. Mostre e acenda a vela que escolheu, dizendo o motivo da sua escolha (*por que ela mostra como você vê esse seu momento?*). Com suas palavras, peça que Jesus ilumine sua vida (*onde você quer a Luz de Jesus?*). Com esse gesto queremos recordar que Jesus está entre nós e ilumina nossa vida.

Catequista: Obedientes à Palavra de Jesus, rezemos com confiança: *Pai nosso...*

Catequista: O Deus, fonte de luz e de vida, nos abençoe, agora e sempre.

Todos: Amém.

Catequista: Louvado seja nosso Senhor Jesus Cristo.

Todos: Para sempre seja louvado!

Canto

16 A Igreja é o povo de Deus

Você, com certeza, já descobriu e aprendeu muitas coisas que o ajudam a viver a fé com mais consciência, convicção e conhecimento. Já refletimos sobre o povo escolhido por Deus, que Ele acompanhava, conduzia e fortalecia. Nós somos, também, povo de Deus.

- Para você, o que isso significa ser "povo de Deus"?

A expressão *povo de Deus* nos remete à Igreja. Essa palavra (do grego *ekklesia*) significa convocação e designa a assembleia do povo em geral; traduzida para *ecclesia* (latim), deu origem à palavra *igreja*. No Antigo Testamento a palavra era usada para a assembleia do povo eleito diante de Deus, sobretudo para a assembleia do Sinai, quando Israel foi constituído por Deus como seu povo santo. As primeiras comunidades dos seguidores de Jesus se denominaram *igreja*, reconhecendo que eram herdeiras da assembleia do Sinai (cf. CIgC, n. 751).

Falar sobre a Igreja não é fácil, e muitos a criticam.

- Quando falam sobre a Igreja, o que você pensa?
- Você se reconhece Igreja?
- Qual o papel da Igreja no mundo?

Jesus reuniu em torno de si pessoas simples, dispostas a ouvir e viver de acordo com a Boa-nova que anunciava. Convivendo com Ele, essas pessoas aprenderam a amá-lo e a imitar seu modo de viver, procurando fazer a vontade do Pai e enxergar os outros como irmãos. Jesus chamou essa comunidade – pequena semente do Reino de Deus – "minha Igreja" (cf. Mt 16,18). Antes de voltar à casa do Pai, Ele dá uma tarefa: ela deve continuar sua missão no mundo.

A Igreja, portanto, é formada por pessoas comuns que acolheram o Evangelho e vivem animados pelo Espírito Santo. Antes de ser uma instituição organizada com leis e hierarquia, a Igreja é uma comunidade de fiéis: comunidade daqueles que têm, em comum, a fé em Jesus.

A Igreja começou a crescer no dia de Pentecostes, pelo dom do Espírito Santo. Nesse dia ela se manifestou diante da multidão (cf. At 2,1-13) e começou sua caminhada no mundo difundindo o Evangelho com a pregação dos apóstolos.

Tudo o que haviam vivenciado com Jesus animava os apóstolos para "irem pelo mundo", cumprindo a missão recebida; por onde passavam, divulgavam a Boa-nova, testemunhando com suas vidas o que anunciavam com palavras. Assim, nasciam e cresciam novas comunidades de seguidores de Jesus.

A Igreja Católica tem uma história de mais de dois mil anos conduzida pelo mesmo Espírito que animou Jesus em seu agir. Uma comunidade missionária, presente em todo o mundo, atenta à missão de ser sinal e instrumento do Reino entre todas as pessoas: isso é a Igreja Católica no mundo.

- Você vê a Igreja como sinal da Boa-nova de Jesus Cristo no mundo?

Vida e Palavra se encontram

Os apóstolos, enviados por Jesus para anunciar o Evangelho em todo o mundo, fizeram com Ele a experiência de comunidade, isto é, aprenderam a viver como Igreja. São Paulo escreveu à comunidade de Éfeso para ajudá-la a crescer como verdadeira Igreja.

Texto bíblico: Ef 4,1-16.

➤ O que diz a Palavra?

- Que versículo você destaca no texto? Por quê?

O que a Palavra diz para você?

Todos os batizados, em todas as nações da Terra, são chamados a ser povo de Deus, cumprindo a vontade de Deus que quis reunir todos os seus filhos dispersos (LG, n. 13). Assim é a Igreja: o povo de Deus (LG, n. 9).
São Paulo faz um apelo: andar de acordo com a vocação a que fomos chamados.

- A que vocação você – e cada um de nós – foi chamado?

A partir da experiência da Ceia do Senhor, São Paulo diz que a Igreja é o Corpo de Cristo: todos os que creem e comem o mesmo pão, que é o Cristo, formam um só corpo com Ele. Na Igreja existe uma diversidade de serviços e uma unidade de missão; e Cristo concedeu às pessoas diferentes dons que devem servir à unidade e colaborar com a missão da Igreja no mundo.

- Você tem consciência de que Cristo lhe concedeu dons que devem ser colocados a serviço da comunidade?

Trazendo a Palavra para a vida

Muitas vezes a Igreja dá sua opinião sobre assuntos como guerras, pobreza, fome, direitos humanos e muitos outros. No entanto, nem sempre ela é compreendida.

- Como povo de Deus, onde é nosso lugar de atuação?
- A Igreja deve se manifestar sobre as escolhas e os caminhos do mundo?

A Igreja, povo de Deus, constituída por todos os batizados, é humana: é formada por nós, homens e mulheres, com nossas qualidades e nossas falhas. Mas, sendo Corpo de Cristo, a Igreja é também divina.

- O que significa, para nossa compreensão da Igreja, saber que ela é, ao mesmo tempo, humana e divina?

Celebrando a vida

Podemos falar sobre a Igreja de muitas maneiras.

- Que palavras você usaria para expressar o significado da Igreja e seu papel no mundo?
  - » A partir dessas palavras, em grupo, você expressará a compreensão do que é a Igreja, do seu papel no mundo e da importância da participação de todos em seu trabalho.
- Depois de ler e conversar sobre as ideias dos grupos, o que você quer dizer a Deus?

Rezemos juntos: Sl 84(83),2-5.

2 *Como são amáveis tuas moradas, Senhor Todo-poderoso!*

3 *Minha alma se consome de saudade pelos átrios do Senhor, meu coração e minha carne vibram de alegria pelo Deus vivo.*

4 *Até o pássaro encontra um abrigo, e a andorinha um ninho, onde colocar seus filhotes, perto de teus altares, Senhor Todo-poderoso, meu rei e meu Deus!*

5 *Felizes os que habitam em tua casa, louvando-te sem cessar.*

Transformando a vida

Quando pensamos sobre a Igreja e sua missão, precisamos olhar para nós e identificar os dons que recebemos, e olhar para a realidade ao nosso redor para compreender como podemos assumir nosso papel nessa missão.

- Qual sua proposta para comprometer-se com sua comunidade?

Uma reflexão para o caminho

A Igreja é **una**, porque tem como origem o Deus uno e Trino; porque tem um só fundador, Jesus Cristo; e porque tem uma só alma, o Espírito Santo. Essa unidade da Igreja é visível e assegurada por uma única profissão de fé, pela celebração de um mesmo culto e pela sucessão apostólica.

A Igreja é **santa**, pois Cristo, que é Santo (CIgC, n. 823) uniu-a a si como seu Corpo, concedendo-lhe o dom do Espírito Santo.

A Igreja é **católica**, isto é, universal, pois é enviada por Jesus Cristo a toda a humanidade (cf. Mt 28,19) de todos os tempos (cf. CIgC, n. 831).

A Igreja é **apostólica**, porque foi e continua sendo edificada sobre o fundamento dos apóstolos (cf. Ef 2,20), cujo ensinamento conserva e transmite. Os bispos são os sucessores dos apóstolos; bispos e sacerdotes estão em comunhão com o papa a serviço do povo de Deus.

17

O Símbolo Apostólico: nossa profissão de fé

A profissão de fé cristã é uma síntese que reúne as verdades fundamentais da fé nas quais todos os cristãos devem crer. Ela é conhecida como *Credo* ou *Creio*, porque essas são a sua primeira palavra em latim (*Credo in Deum Patrem omnipotentem*) ou em português (*Creio em Deus Pai todo-poderoso*); e é, também, chamada *Símbolo da fé*.

> **Professar** é reconhecer publicamente; praticar; defender, seguir ou divulgar princípios ou ideias (Priberam).

Por que *símbolo*? A palavra grega *symbolon* expressava o fragmento de um objeto partido, apresentado como *sinal de identificação*. Os fragmentos unidos, formando o todo, confirmavam a identidade de quem os apresentava. O *Símbolo da fé* é, então, um *sinal de identificação* e *de comunhão* entre os que creem.

Dizer "creio" é uma afirmação pessoal. Entretanto, ao dizermos "creio" afirmamos nossa adesão à fé da comunidade ("*nós cremos*") (CIgC, n. 185), pois ninguém crê sozinho: recebemos a fé de outros (comunidade) e devemos transmiti-la a outros.

Essa comunhão na fé precisa de uma linguagem comum a todos os que creem e, por isso, a Igreja logo preocupou-se em fazer resumos com o essencial da fé. Foram elaboradas algumas profissões de fé (cf. CIgC, n. 192) e todas ajudam a aprofundar e a viver a fé. Porém, duas ocupam um lugar particular na vida da Igreja: o *Símbolo dos Apóstolos*, assim chamado por ser considerado o resumo fiel da fé dos apóstolos; e o *Símbolo Niceno-Constantinopolitano*, mais detalhado, fruto dos dois primeiros concílios ecumênicos – de Niceia, no ano de 325, e de Constantinopla, em 381.

> **Concílio** é uma reunião de bispos e representantes de toda a Igreja, para deliberar sobre questões de fé, costumes ou doutrina da Igreja.

O Símbolo não traz conceitos abstratos, mas pessoas e acontecimentos: são os gestos de Deus desde a criação até o fim dos tempos. É apresentado em três partes, subdivididas em artigos: a primeira trata de Deus Pai e da obra da criação; a segunda, de Jesus Cristo e do Mistério da Redenção da humanidade; e a terceira, do Espírito Santo, fonte e princípio da nossa santificação (cf. CIgC, n. 190).

Após a afirmação da fé no Espírito Santo, há um artigo sobre a Igreja para nos ajudar a compreender que é o Espírito que a anima e santifica (cf. CIgC, n. 747); um artigo sobre a comunhão dos santos, que é a Igreja (cf. CigC, n. 946); e um outro sobre o perdão dos pecados, também relacionado à fé no Espírito Santo, pois os apóstolos receberam o poder de perdoar os pecados ao receberem o Espírito. O Creio termina, então, com a afirmação da fé na ressurreição dos mortos e na vida eterna.

No último artigo do Creio afirmamos crer na vida eterna. Essa é uma verdade da fé cristã, porque a vida eterna é a promessa de uma vida perfeita com Deus, sem fim, fora do tempo.

Vida e Palavra se encontram

Jesus não revelou o Mistério da vida após a morte; mas Ele nos deu pistas para nos ajudar a compreender tal Mistério.

Texto bíblico: Mt 25,31-46.

- **O que diz a Palavra?**
  - O que você destaca nesse texto?

➤ O que a Palavra diz para você?

O texto do Evangelista Mateus refere-se às escolhas que fazemos na vida. As palavras de Jesus apontam dois caminhos; aquele que escolhermos definirá como viveremos a eternidade. Jesus faz essa distinção ao dizer a uns "vinde, **abençoados** por meu Pai!" (v. 34) e a outros "afastai-vos de mim, malditos!" (v. 41).

> **Abençoados** são os que Deus considera justos, são aqueles fiéis à sua Palavra. O contrário de abençoado é maldito.

- O que Jesus quis indicar com as palavras desse texto?

Aos abençoados pelo Pai está destinado o *céu*, isto é, estar com Deus para sempre: essa é a verdadeira felicidade para aqueles que vivem o Evangelho.

- A imagem do paraíso, como é apresentada no Livro do Gênesis (Gn 2-3), ajuda você a compreender o que chamamos céu? Por quê?

Todavia, Jesus fala também em um outro jeito de viver. Se escolhermos, livre e conscientemente, seguir nessa vida por caminhos que nos afastam de Deus, então, na eternidade estaremos, também, separados de Deus. Respeitando nossa liberdade, Ele não nos salva sem a nossa vontade de sermos salvos. Isso é o que chamamos *inferno*.

Jesus usava uma linguagem que as pessoas (e nós!) pudessem compreender mais facilmente. Em algumas ocasiões (cf. Mt 8,12; Mt 13,42.50; Mt 22,13; Mt 24,51; Mt 25,30), Ele concluiu seu ensinamento dizendo "ali haverá choro e ranger de dentes".

- Como você entende o sentido dessa expressão usada por Jesus?

➤ Trazendo a Palavra para a vida

Cristo passou da morte à vida e, assim, a morte é revelada como *passagem* para a vida eterna, uma nova condição da existência. Diante de Jesus tomaremos consciência da maneira como escolhemos viver; diante de nós, Ele será não um juiz insensível, mas a misericórdia do Pai.

- Podemos nos perguntar, como um jovem perguntou a Jesus (cf. Mt 19,16): Que devemos fazer de bom para ter a vida eterna?

Viver conforme a fé que professamos não é sempre fácil; muitas vezes, nosso sim a Deus se mistura à vaidade, à autossuficiência, ao egoísmo, a uma fé nem sempre firme e testemunhada. Porém, Deus não desiste de nós e, com sua graça, Ele nos transforma e nos acompanha até que nosso sim seja perfeito; se não for nessa vida, acontecerá depois para quem escolheu amar a Deus e ao próximo, mas não chegou à perfeição: aí está o sentido do **purgatório**: os que lá estão ainda devem se purificar de suas faltas e imperfeições para estarem diante de Deus.

Purgatório significa o que limpa ou purifica; é a possibilidade que Deus nos dá para nos purificarmos de nossas faltas e imperfeições para estarmos limpos diante dele.

Celebrando a vida

Em certa ocasião, os discípulos pediram a Jesus: "Aumenta-nos a fé" (Lc 17,5). Também nós devemos pedir ao Senhor que aumente, transforme e fortaleça nossa fé para que possamos assumi-la com alegria. Depois da leitura dos artigos do Creio, pediremos juntos: *Creio, Senhor, mas aumentai minha fé.*

Rezemos, todos juntos: Sl 16(15),7-9.

7*Bendigo o Senhor, que me aconselha; mesmo de noite minha consciência me adverte.*

8*Tenho sempre o Senhor ante meus olhos; porque ele está à minha direita, não vacilarei.*

9*Por isso se alegra meu coração e exulta minha alma; até meu corpo no repouso está tranquilo.*

Transformando a vida

Um símbolo, como vimos, é algo que une e se torna sinal de identidade.

- Que compromisso você quer assumir para ser símbolo de Deus em sua família, no trabalho e em suas relações interpessoais?

Uma reflexão para o caminho

São João escreveu: "porque Deus amou o mundo de tal maneira que deu o seu Filho unigênito, para que todo aquele que nele crê não pereça, mas tenha a vida eterna" (Jo 3,16). Não são, e então, os nossos méritos pessoais que nos conduzem à vida eterna: ela é dom de Deus, presente do seu amor incondicional por nós e da sua misericórdia infinita. Se fomos criados para a eternidade, como podemos nos contentar com o que é passageiro?

A fé na vida eterna nos dá coragem diante das dificuldades e das incertezas e nos leva a procurar viver como Jesus: uma vida baseada no amor ao próximo, na compaixão, no perdão. Quando tomamos consciência de que Deus nos quer ao seu lado na eternidade, nossas escolhas fazem diferença para nós, para aqueles com quem convivemos e para o mundo: procuramos ser pessoas melhores, que querem mais do Reino de Deus e menos do reino dos homens.

18

A oração que o Senhor nos ensinou

Deus nos quer ao seu lado, e o ser humano conserva o desejo de estar perto daquele que o criou (cf. ClgC, n. 2566). Essa relação pessoal com Deus, essa busca de intimidade, é a oração: o "encontro entre a sede de Deus e a nossa" (ClgC, n. 2560), uma conversa entre amigos, Deus e cada um de nós. Como em toda amizade, a oração deve ser constante em nossa vida

- Para você, o que é a oração? Para que serve a oração?

Os evangelhos apresentam Jesus como uma pessoa orante: era na oração que Ele ganhava forças para cumprir sua missão. Ele é nosso modelo de oração: orando, Jesus nos ensina a orar.

- O que você sabe sobre o Pai-nosso?

Vida e Palavra se encontram

A oração do Pai-nosso, também conhecida como oração dominical, da comunidade ou do Senhor, foi ensinada por Jesus aos seus discípulos, que se admiravam com seu modo de rezar.

Texto bíblico: Mt 6,9-13.

➤ **O que diz a Palavra?**

- O que você destaca nesse texto?

➤ O que a Palavra diz para você?

Imagine você ao lado de Jesus, ouvindo-o ensinar o Pai-nosso.

- O que essa ideia desperta em você?

Pai-nosso, que estais nos céus

Os céus são um jeito de estar e viver em comunhão com Deus. Jesus ensina que Deus não é distante, indiferente ou severo: Ele é Pai. A primeira palavra da oração expressa uma relação totalmente nova com Deus.

- Que sentido tem chamar Deus de Pai?
- Ser filho exige conversão contínua e vontade de ser cada vez mais parecido com o Pai; como isso está presente no seu dia a dia?

Ao dizermos "Pai-nosso" expressamos a comunhão com todos os que têm fé em Jesus Cristo. Deus é Pai nosso, porque é Pai de todos, dos bons e dos maus.

- Como você entende as divisões entre os cristãos, como se Deus fosse propriedade particular de alguns?

A oração do Pai-nosso apresenta sete pedidos. Os três primeiros dizem respeito a Deus e à sua glória: o *Nome*, o *Reino*, a *vontade*. Os outros quatro pedidos estão relacionados às necessidades humanas e realidades deste mundo: o alimento e o perdão, o zelo e a força para a luta constante contra o mal.

Santificado seja o vosso nome, venha a nós o vosso reino, seja feita a vossa vontade assim na terra como no céu

Santificar o nome de Deus é glorificá-lo, reconhecendo sua grandeza, poder e bondade e expressando gratidão por tudo o que Ele fez e faz em nossa vida; exige construir relações justas entre todos. Pedir que venha a nós o Reino é acreditar que ele virá, porque essa é a vontade de Deus; isso exige o compromisso de construir o Reino entre todos.

- Como você se sente (e vive) diante desses três pedidos?

O pão nosso de cada dia nos dai hoje, perdoai-nos as nossas ofensas assim como nós perdoamos a quem nos tem ofendido

Pedir o pão de cada dia expressa confiança em Deus e exige lutar por condições dignas de vida para todos. O perdão que pedimos para nossas faltas mostra humildade e confiança na misericórdia de Deus, mas obriga a nos reconciliarmos com o outro.

- Como você se sente (e vive) diante desses dois pedidos?

Não nos deixeis cair em tentação, mas livrai-nos do mal

As tentações sempre estarão presentes e, reconhecendo nossa fraqueza humana, pedimos para não sermos dominados por elas; isso exige de nós vigilância para não cedermos às ilusões do mundo. Com esse pedido mostramos confiança de que apenas Deus pode nos libertar do mal que pode nos seduzir.

- Como você pode colaborar com Deus em relação aos pedidos da oração do Pai-nosso?

➤ Trazendo a Palavra para a vida

Com a oração do *Pai-nosso* Jesus nos dá grandes ensinamentos:

- Mostra como devemos nos dirigir a Deus na oração.
- Apresenta um resumo de todo o seu Evangelho.
- Ensina a pedir aquilo de que realmente precisamos.
- Convida a ter novos gestos e novas atitudes diante das realidades do mundo: construir o Reino, cumprir a vontade de Deus, partilhar, perdoar, buscar o bem e lutar contra o mal.

- Como cada pessoa, individualmente, e a sociedade, como um todo, podem viver no dia a dia o que reza no *Pai-nosso*?

Celebrando a vida

Partilhando esse pão, alimento para o corpo, vamos refletir sobre nossa responsabilidade diante de cada pedido que expressamos no *Pai-nosso*.

Senhor, Deus Santo, que o vosso Nome seja santificado em nossa vida, em nossas famílias e entre nós, vossos filhos.

Senhor, Rei dos Céus, que o vosso Reino aconteça entre nós, para que haja justiça, esperança, paz e fraternidade para todos.

Senhor, Deus de bondade, que a vossa vontade seja realidade em todo o mundo, para que todos vivam como irmãos.

Senhor, Deus da vida, que todos tenham o alimento do corpo e do espírito, para que vivam com a dignidade de vossos filhos e filhas.

Senhor, Deus de misericórdia, que perdoemos uns aos outros para sentirmos a alegria do vosso perdão.

Senhor, Deus de justiça, diante das tentações não nos deixeis cair, mas suportai-nos em vossa presença segura.

Senhor, fonte de todo bem, livrai-nos do mal e ajudai-nos para não sermos vencidos pelas forças do mundo.

Senhor, Pai de todos, que assim seja a nossa vida, com vosso Filho Jesus Cristo. Amém.

Rezemos juntos: Sl 62(61),6-9a.

6 *Só em Deus minha alma está tranquila, pois dele vem minha esperança!*

7 *Só ele é minha rocha e minha salvação, minha fortaleza: jamais serei abalado.*

8 *Minha salvação e minha glória estão junto de Deus; a rocha de minha defesa, meu refúgio, tenho em Deus.*

9 *Ó povo, confiai nele em todo o tempo, desafogai diante dele vosso coração!*

Transformando a vida

Pela oração, falamos a Deus sobre nossa vida e Ele tudo ouve; e nós podemos escutar o que Ele quer nos dizer para nos mantermos firmes em nossa fé.

- Que compromisso a oração do Pai-nosso lhe sugere?

Uma reflexão para o caminho

Jesus-homem aprendeu a rezar com a oração do seu povo, na Sinagoga de Nazaré; aprendeu com sua Mãe, que guardava e meditava em seu coração as coisas de Deus (cf. Lc 2,19). Os evangelhos mostram que Jesus rezava entregando-se humilde e confiante à vontade do Pai e em perfeita intimidade com Ele. Olhando e ouvindo Jesus, os discípulos aprenderam que a oração não é dizer "Senhor, Senhor" (cf. Mt 7,21), mas levar o coração a fazer a vontade do Pai (cf. Mt 5,23s.; Mt 5,44s.; Mt 6,6s.).

Maria, auxílio dos cristãos

Canto

ACOLHIDA

Catequista: Sejam todos muito bem-vindos! Com alegria no coração, iniciemos: *em nome do Pai, e do Filho e do Espírito Santo. Amém.*

Catequista: A graça e a paz de Deus, nosso Pai, e de Jesus Cristo, nosso Senhor, estejam com vocês!

Todos: Bendito seja Deus que nos reuniu no amor de Cristo!

Catequista: Hoje nos reunimos para celebrar Maria, Mãe de Deus e nossa Mãezinha. Aquela que se tornou a Mãe de Deus é mulher amável, exemplo de serviço, modelo de fé. Cheia de confiança, Maria disse "sim" a Deus para que seu projeto de amor pela humanidade se realizasse; em toda a sua vida, mesmo diante do sofrimento, ela aceitou fazer a vontade de Deus.

Todos: Maria, a Mãe de Deus, alegrava-se em ser a serva de Deus.

Catequista: A Igreja sempre recorreu à intercessão e à proteção de Maria, invocada com muitos títulos e a ela recorremos em todos os momentos da nossa vida. Um desses títulos, muito antigo, é: Maria, *Auxílio dos cristãos*.

Todos: Temos uma Mãe nos céus, não estamos sozinhos!

Catequista: No Evangelho segundo São João, apenas em duas ocasiões encontramos palavras pronunciadas por Maria. Elas nos mostram sua atenção, preocupação e cuidado com as pessoas.

Texto bíblico: Jo 2,1-11.

Refrão meditativo

REFLEXÃO SOBRE A PALAVRA

Catequista: Na festa do casamento, falta vinho. Sem vinho, falta a alegria. Maria mostra sua sensibilidade, atenção e cuidado com todos. Confiante, ela vai ao encontro de Jesus, mas, não pede nada, apenas apresenta um fato, dizendo: "Eles não têm mais vinho" (Jo 2,3). Perceber a situação e relatar a Jesus mostram o jeito de agir daquela que foi chamada por Deus para auxiliar na obra da salvação. Ninguém pediu a intercessão de Maria pelos noivos; porém, ela assume, por iniciativa própria, o papel de intercessora e pede ajuda a Jesus. O que ela não fará quando nós lhe pedirmos sua intercessão? O que ela não fará quando lhe dissermos "Santa Mãe Maria, rogai por nós"? Maria faz as coisas acontecerem. Sua segunda manifestação é aos que serviam, também com poucas palavras: "Fazei tudo o que Ele vos disser" (Jo 2,5). Mostrando o que traz no coração, a Mãe prepara o coração dos servos para acolher seu Filho: é preciso escutar e fazer o que Ele diz. Maria mostra a esperança de que Jesus iria agir para que a festa e a alegria continuassem.

Refrão meditativo

Catequista: Em Caná, Maria se fez mediadora entre seu Filho Jesus e os servos, apelando à obediência às palavras de Jesus. Hoje, ela continua a identificar o que precisamos para viver como filhos e filhas de Deus, diz o mesmo apelo e se faz mediadora entre Jesus e cada um de nós. Maria está sempre disposta a nos ajudar em todas as nossas necessidades e oferece a vitória da esperança sobre a aflição, da alegria sobre a tristeza, da eternidade sobre o tempo, da vida sobre a morte.

Canto

ENTREGA DA ORAÇÃO DA SALVE RAINHA

Catequista: Na cruz, Jesus nos deu sua Mãe ao dizer a João: "Eis aí a tua Mãe!" (Jo 19,27). Maria quer que sejamos obedientes a seu Filho e nos diz, como disse em Caná: "Façam tudo o que Ele lhes disser!" (Jo 2,5). Como Mãe, ela se alegra em cuidar de nós, seus filhos, e se coloca disponível para nos animar e ajudar. Ela conhece nossas dificuldades e nos leva a Jesus, intercedendo por nós. Ela é nosso Auxílio.

Você receberá a oração da Salve Rainha, uma das mais antigas orações marianas, que expressa devoção, confiança e amor a Maria. Nessa oração dirigimos palavras de confiança e de súplica a nossa Mãezinha Maria – *Mãe de misericórdia, vida, doçura e esperança.*

Canto (durante a entrega da oração aos catequizandos.)

Catequista: Todos juntos, rezemos a oração da Salve Rainha.

Catequista: Pela intercessão de Nossa Senhora, Auxílio dos cristãos, desça e permaneça em cada um de nós a bênção de Deus Pai, e Filho e Espírito Santo.

Todos: Amém.

Canto

20

Sacramentos, dons do Deus-Amor

Um *sinal* é algo que vemos e que nos leva a conhecer uma realidade que não vemos: como a fumaça, que é sinal de fogo. Ele pode ser um sinal prático, como um sinal de trânsito, algo carregado de sentido humano, como um bolo de aniversário, ou ainda uma ação que, no contexto de uma celebração, comunica a graça que significa, como a imposição das mãos, ou uma pessoa, como Cristo, sinal, imagem e símbolo de Deus (Aldazábal, [20...]).

- Você guarda sinais da sua infância? O que eles lhe recordam?

Deus, para manifestar sua presença, seu amor e sua ação em nossa vida, quis usar sinais sensíveis que fossem entendidos pelos seres humanos. A sarça ardente, o maná caído do céu e as Tábuas da Lei foram sinais da manifestação de Deus ao povo do Antigo Testamento. Acontecimentos e pessoas também foram sinais divinos, como a abertura do Mar Vermelho, Abraão e Moisés. Todos esses sinais eram preparação para o maior sinal de Deus: seu Filho Jesus, Deus que se fez humano. Em Jesus, Deus falou, foi ouvido, foi tocado, atingindo nossos sentidos.

Vida e Palavra se encontram

A palavra *sacramento*, que tem origem no grego *mysterion* (Mistério), exprime o sinal visível que comunica algo invisível: a realidade escondida da salvação; portanto, é Mistério da fé.

Texto bíblico: Jo 14,6-11.

- **O que diz a Palavra?**
  - O que você destaca nesse texto? Por quê?

- **O que a Palavra diz para você?**

Ao dizer "Quem me viu, viu o Pai." (Jo 14,9b). Jesus se apresentou como sinal vivo de Deus: *sacramento do Pai*, imagem visível do Deus invisível.

- O pedido de Filipe a Jesus chama a sua atenção? Por quê?
- Jesus é sacramento de Deus: como entende essa afirmação?
- O que leva as pessoas a procurarem um sinal de Deus em sua vida?

Jesus usava palavras, gestos, curas e milagres, sinais que tornavam Deus presente no meio das pessoas. Essa presença de Deus em nossa vida é a *graça* divina, um dom gratuito que nos ajuda com o que é necessário à nossa vida e à nossa salvação. Jesus quis que continuássemos a ter acesso a essa graça; por isso, nos deixou um sinal: sua comunidade, a Igreja. Ela é o *sacramento de Cristo* na Terra e continua sua obra de salvação no mundo.

- O que significa dizer que a Igreja é sacramento de Cristo?

- **Trazendo a Palavra para a vida**

Para que sua obra de salvação tivesse continuidade, Jesus confiou à Igreja sinais especiais da sua presença e da sua ação entre as pessoas: os *sacramentos*. Por meio deles, Cristo vivo continua agindo na vida dos que creem.

Cada sacramento, com seu rito, palavras, gestos e pessoas, exprime de forma visível o dom invisível da presença de Deus. E só com os olhos da fé percebemos essa realidade.

- Conversando com o grupo, descubra quais os sacramentos vocês conhecem; o que sabem sobre eles?

Celebrar um sacramento é um momento muito especial na vida de quem o recebe, de sua família e da comunidade. Os sacramentos acompanham toda a vida, do nascimento até a morte, marcando nosso crescimento biológico e na fé, e cumulando-nos da graça divina. Isso é amor!

Os sacramentos instituídos por Jesus Cristo são sete e dão à vida de fé do cristão origem e crescimento, cura e missão (cf. CIgC, n. 1210). De maneira simples, o significado de cada um deles pode ser assim apresentado:

Os **Sacramentos da Iniciação Cristã** lançam os fundamentos de toda vida cristã.

- **Batismo:** nascimento na comunidade de fé.
- **Confirmação:** compromisso com a vida e a missão da Igreja.
- **Eucaristia:** alimento para a fome do Reino de Deus, força para agir como Jesus.

Os **Sacramentos da Cura** restituem a saúde do corpo e do espírito.

- **Reconciliação:** conversão e volta ao caminho do Senhor.
- **Unção dos enfermos:** conforto e esperança diante da doença e do sofrimento.

Os **Sacramentos do Serviço** edificam a comunidade cristã.

- **Matrimônio:** vida em comunhão constituindo um lar cristão.
- **Ordem:** dedicação total ao serviço e à missão da Igreja.

- O que se espera de quem pede um sacramento à Igreja?

Como atingem os nossos sentidos, dizemos que os sacramentos são sinais sensíveis: a água no Batismo, o óleo na Confirmação e na Unção dos Enfermos, o pão e o vinho na Eucaristia, os noivos no Matrimônio, as palavras na Reconciliação e a imposição das mãos na Ordem. E como quem age em cada sacramento é o próprio Cristo, eles são, também, sinais eficazes, isto é, realizam o que significam.

Celebrando a vida

Nesse caminho na catequese, talvez você tenha se deparado com alguma pedra, encontrou uma flor, ou mesmo balançou ao sabor do vento ou das ondas (cf. Ef 4,14). E Deus lhe dizia: "*confie, tenha fé!*"

Você é convidado a registrar os sinais dessa sua experiência com Deus, momentos marcantes da sua caminhada: todos esses sinais construíram a *sua* história rumo à vida nova em Cristo.

Não podemos falar sobre sacramentos sem falar em Jesus Cristo, pois Ele quis nos dar os sacramentos para vivermos a vida sonhada por Deus para nós; pelos sacramentos nossa vida é inserida no acontecimento da Páscoa de Cristo e dele recebe força e sentido.

Seu caminho para tornar-se cristão está profundamente unido à cruz, símbolo da salvação oferecida por Jesus a toda a humanidade.

- ▶ Vamos simbolizar essa união da sua vida com a Páscoa de Jesus Cristo: na folha de papel que receber do catequista, desenhe ou escreva palavras retratando o seu caminho na catequese. Depois, siga a orientação do catequista.

Bênção dos catequizandos

Catequista: Oremos. Deus, que libertastes do erro o mundo pela vinda de Jesus Cristo, vosso Filho único, ouvi-nos e concedei, a esses vossos catecúmenos e crismandos, entendimento, perfeição, fé inabalável e seguro conhecimento da verdade, para que, crescendo em virtude cada dia, possam no tempo oportuno receber o Batismo, a Eucaristia e a Confirmação e glorificar conosco o vosso nome. Por Cristo, nosso Senhor (cf. RICA, n. 124).

Todos: Amém.

Rezemos juntos: Sl 103(102),1-4.

[1] *Bendize, ó minha alma, o Senhor, e todo o meu ser, seu santo nome!*
[2] *Bendize, ó minha alma, o Senhor, e não esqueças nenhum de seus benefícios!*
[3] *É ele quem perdoa toda a tua culpa e cura todas as tuas enfermidades.*
[4] *Ele resgata tua vida da cova e te coroa de amor e misericórdia.*

Transformando a vida

Assim como fez com o povo do Antigo Testamento, Deus usa diferentes sinais e se faz presente junto a nós por meio de acontecimentos e pessoas.

- Que compromisso você quer assumir para ser sinal de Deus no mundo, junto às pessoas com quem convive?

Uma reflexão para o caminho

Manifestamos o compromisso com Deus, com nós mesmos e com a comunidade ao recebermos um sacramento. A comunidade-Igreja é, de fato, construída com e pelos sacramentos: pelo Batismo a pessoa passa a fazer parte da comunidade e pela Confirmação torna-se membro ativo em sua missão; a Eucaristia é sinal de comum-união e na Unção dos enfermos é a comunidade que, como Jesus, se coloca ao lado dos doentes; a Reconciliação assinala a volta da pessoa à comunidade, da qual foi afastada pelas faltas cometidas; a Ordem consagra ao pleno serviço da comunidade e pelo Matrimônio o casal se compromete com a formação da Igreja doméstica. Se celebrar um sacramento é encontrar-se com Deus, é também encontro com os irmãos e, por isso, a celebração deve acontecer com a comunidade.

21

Os sacramentos da Iniciação Cristã

A afirmação atribuída a Tertuliano, padre da Igreja primitiva (entre os séculos II e III), de que "Os homens se tornam, não nascem cristãos" (Tertuliano, [20...]) indica que, para sermos cristãos, é preciso haver uma transformação em nós. Isso não acontece com um conhecimento meramente racional, mas em um processo de iniciação que envolve descoberta, conhecimento, adesão e integração, e começa com um acontecimento que transforma profundamente a pessoa.

Na Iniciação Cristã, esse acontecimento de transformação é a experiência de Jesus Cristo, que desperta a vontade de viver segundo seus ensinamentos. A pessoa é chamada a tomar uma decisão: quero ser cristão, viver a vida cristã, aceitar a proposta de vida de Jesus?

- Você já pensou sobre isso?

Os sacramentos da Iniciação Cristã, os primeiros recebidos, marcam a transformação da pessoa e colaboram para que ela se torne um cristão; eles são a base da vida nova, da vida cristã.

Vida e Palavra se encontram

Jesus nos deixou os sacramentos e os discípulos compreenderam seu lugar e importância para aqueles que queriam se tornar seguidores do Senhor.

Texto bíblico: At 2,37-41.

➤ **O que diz a Palavra?**

- O que você destaca nesse texto?

➤ **O que a Palavra diz para você?**

O anúncio de Pedro traz o conteúdo da fé cristã: o Mistério da cruz, da morte e da ressurreição de Jesus e a vinda do Espírito Santo. Ele transforma corações.

- Imagine-se no meio da multidão, ouvindo as palavras de Pedro; como você reagiria? Qual seria sua resposta?
- Qual o sentido da resposta de Pedro ao questionamento das pessoas?

As pessoas buscavam uma vida melhor, sem opressão e sem exclusão. Pedro dá uma resposta ao mesmo tempo simples e difícil. Simples, porque era "apenas" um convite: acolher verdadeiramente Jesus Cristo, com a mente e o coração. Difícil, porque exigia uma decisão: mudar de vida, assumir o estilo de vida de Jesus.

➤ **Trazendo a Palavra para a vida**

Pedro disse que quem aceita a Palavra de Jesus e decide assumir uma vida nova com Ele tem um caminho a percorrer, feito de passos que marcam a decisão tomada. Tornar-se cristão, no início da Igreja, era um longo caminhar, com várias etapas: um caminho de Iniciação Cristã, o mesmo caminho de fé e conversão que você está percorrendo, preparando-se para viver os sacramentos.

- Leia o versículo 38 e identifique, na resposta de Pedro às pessoas, o que é essencial para tornar-se cristão.

Portanto, fazem parte desse caminho de Iniciação Cristã o Batismo, a Confirmação e a Eucaristia, sacramentos que marcam, de maneira decisiva, a opção de seguir Jesus.

O Batismo é o nascimento para a vida cristã; ele nos faz criaturas novas e nos insere na família de Deus, a Igreja.

A Confirmação nos vincula mais plenamente à Igreja, e nos enriquece com a força do Espírito Santo para nos comprometermos como testemunhas de Cristo.

A Eucaristia é alimento e sustento para nossa vida cristã: é sinal do amor, da comunhão e da caridade.

Celebrando a vida

- Pense no que você descobriu sobre os sacramentos da Iniciação Cristã. Nesse contexto, o que significam o galho seco, as flores e a vela que ambientam o espaço do encontro?

O caminho percorrido na catequese leva a marcar, com os sacramentos da Iniciação Cristã, a vida de quem ouviu, acolheu e se comprometeu com Jesus. Os sacramentos não são o ponto final do caminho, mas uma porta que se abre e dá acesso à vida nova, no seguimento de Jesus Cristo.

- Mostrando sua vontade de ser luz no mundo, deixando-se iluminar por Jesus, acenda sua vela e com seu grupo peça a graça divina, rezando:

Leitor 1: Para que sejamos capazes de acolher o dom de sermos vossos filhos, recebido no Batismo, vivendo na alegria de irmãos, nós vos pedimos:

Todos: Ajudai-nos com vossa graça, Senhor, nosso Deus!

Leitor 2: Para que sejamos capazes de acolher o dom do Espírito Santo, derramado em nós na Confirmação, testemunhando uma comunidade de irmãos, nós vos pedimos:

Todos: Ajudai-nos com vossa graça, Senhor, nosso Deus!

Leitor 1: Para que sejamos capazes de acolher o dom da comunhão com vosso Filho Jesus Cristo e com os irmãos, recebido na Eucaristia, tornando-nos sinais do Cristo no mundo, nós vos pedimos:

Todos: Ajudai-nos com vossa graça, Senhor, nosso Deus!

Leitor 2: Para que sejamos capazes de permanecer unidos entre nós e a vosso Filho Jesus Cristo, sendo luzes que mostram sua presença no mundo, nós vos pedimos:

Todos: Ajudai-nos com vossa graça, Senhor, nosso Deus!

Rezemos: Sl 33(32),12-14.20.21.

12 *Feliz a nação cujo Deus é o Senhor, e o povo que ele escolheu por sua herança.*
13 *O Senhor olha do céu e vê toda a humanidade.*
14 *Do lugar de sua morada ele observa todos os habitantes da terra.*
20 *Nossa alma espera no Senhor: ele é nosso amparo e nosso escudo.*
21 *Com ele se alegra nosso coração, porque confiamos em seu santo nome.*

Transformando a vida

Qual o segredo do caminho para tornar-se cristão? A constância no caminhar. Às vezes, talvez, sem vontade; mas, sem esforço e perseverança, não chegamos aonde o caminho nos leva.

- Que compromisso você assume para continuar nesse caminho para tornar-se cristão?

Uma reflexão para o caminho

Deus chama todos para Ele (cf. At 2,39). Em seu amor, Ele nos chama para sermos cristãos e a única condição que devemos observar é acolher e amar seu Filho Jesus Cristo. Acolhendo e amando Jesus, recebemos os sacramentos da Iniciação Cristã, base, sustento e força para nossa vida cristã.

Porém, não basta receber: é preciso dar vida aos sacramentos, expressando quem somos: filhas e filhos de Deus. Nessa jornada, não estamos sozinhos; em cada sacramento celebrado recebemos a graça divina, isto é, a ajuda de Deus para que seu efeito permaneça em nós e seja visível em nossa vida diária. Assim, ao nos verem, talvez digam: ele é cristão!

22

Sacramentos da Cura e do Serviço

Conhecendo nossa fragilidade humana, Jesus deixou à sua Igreja a missão de servir toda a humanidade. Uma maneira de servir é celebrando os *Sacramentos da Cura:* a Reconciliação e a Unção dos Enfermos.

Com o Sacramento da **Reconciliação** Jesus prometeu o dom da misericórdia de Deus. Ele deu aos discípulos o poder de perdoar nossas faltas: "A quem perdoardes os pecados serão perdoados. A quem não perdoardes os pecados não serão perdoados" (Jo 20,23).

- Como você entende essas palavras de Jesus?

O Sacramento da **Unção dos Enfermos** recorda e traz presente o amor e os gestos de Jesus de cura, sinal de esperança. Esse sacramento é identificado à prática descrita por São Tiago (cf. Tg 5,14s.).

- Leia os versículos em Tg 5,14s.; o que Tiago ensina com esse texto?

Dois outros sacramentos dizem respeito a uma missão particular na Igreja e exigem doação total de quem os recebe. Eles contribuem para a salvação pessoal por meio do serviço aos outros: são os *Sacramentos do Serviço: Ordem e Matrimônio.*

Os homens que recebem o Sacramento da **Ordem** são consagrados como pastores da Igreja: são os ministros ordenados. Eles são os representantes de Jesus no mundo para anunciar o Reino e recebem um poder sagrado para servir os fiéis (cf. Lc 22,19).

- O que você conhece sobre a missão dos sacerdotes?

Pelo Sacramento do **Matrimônio** os esposos cristãos recebem a força do Espírito Santo para serem sinal do amor que une Cristo e sua Igreja. Ao celebrarem o Matrimônio, marido e mulher são chamados a viver o perdão, o respeito pela identidade e pela dignidade de cada um, a se ajudarem mútua e fraternalmente, a buscar a oração juntos e a educar os filhos no amor de Deus.

- Leia em Mt 19,4-6 o que Jesus disse sobre o matrimônio. Você conhece casais que vivem o Sacramento do Matrimônio como sinal do amor de Deus?

Vida e Palavra se encontram

Jesus nos chama para colaborarmos com sua missão. Aprendendo com Ele e vivendo os sacramentos o Reino se torna visível; mas, se não for assim, eles se tornam ritos esvaziados de sentido e sem vida.

Texto bíblico: Mc 9,30-37.

- **O que diz a Palavra?**
  - O que mais chama sua atenção nesse texto?
- **O que a Palavra diz para você?**

  Os discípulos demonstraram que não compreenderam o anúncio de Jesus sobre sua morte e ressurreição. Para eles, continuava valendo o prestígio e a força do poder. Jesus afirma que, para ser o primeiro, é preciso se fazer servo de todos.

  - O que significam essas palavras de Jesus para a sua vida?

➤ Trazendo a Palavra para a vida

Jesus não nega que exista em nós o desejo de ser o primeiro e de buscar o próprio interesse. Contudo, Ele afirma que para segui-lo é preciso disposição e despojamento, e dá uma pista radical: para segui-lo e ser o primeiro é preciso se dispor a ser o último e se fazer servo.

Servir é dar de si mesmo, entregando ao outro atenção, tempo e amor.

- Que situações você pode citar como exemplos de serviço ao outro?
- Se nós nos fizermos servos uns dos outros, que diferença fará para o mundo, concretamente?

No tempo de Jesus, as crianças não tinham importância. Dando destaque a uma criança, Jesus dá uma mensagem poderosa: devemos servir, em primeiro lugar, àqueles deixados de lado pela sociedade e, assim, servimos a Deus.

- Como isso se concretiza em nossa vida?

Em nossos dias, fala-se muito em liderança: todos querem liderar e poucos querem ser apenas servos. Por isso, seguir o Senhor exige uma mudança no jeito de pensar para ver o mundo com os olhos de Jesus. Ele ensina que a marca do serviço cristão é a motivação, e não apenas o cumprimento de uma tarefa. Mais que isso, para servir não é preciso um convite especial; sempre é possível viver os sacramentos pelo serviço. É só olhar para Jesus...

- Pensando em sua condição de vida (solteiro, casado, filho, cidadão...), o que o exemplo de Jesus ensina?

Celebrando a vida

Você conhece alguma história de vida que seja exemplo de serviço? Partilhe com o grupo e converse sobre as características comuns às histórias partilhadas.

- Peçamos a Deus para vivermos a graça dos sacramentos e, com ela, servirmos aos irmãos. Rezemos juntos:

Jesus, tu me ensinas que para seguir os teus passos é necessário servir aos outros. Ensina-me a ser generoso e aberto e a estar sempre disposto a dar a mão a quem precisar. Quero fazer boas ações. Quero ser solidário e amar todas as pessoas com gestos e atitudes e não só com palavras. Ajuda-me a saber semear a paz, a alegria e a amizade entre aqueles que convivem comigo. Amém (ACI, [20...]).

Rezemos: Sl 86(85),11-12.

11 Mostra-me, Senhor, teu caminho, para que eu o siga em fidelidade para contigo!

Orienta meu coração, para que tema teu nome!

12 De todo o coração te darei graças, Senhor meu Deus, e glorificarei para sempre o teu nome.

Transformando a vida

Ser cristão é fazer-se servo e ajudar o outro a crescer – na fé, em sua dignidade de pessoa humana, no respeito aos seus direitos.

- Que compromisso você quer assumir para fazer-se servo entre as pessoas?

Uma reflexão para o caminho

Falar em servir é falar em uma relação entre pessoas; servir é ter consciência de que essa relação vai muito além da obrigação ou da retribuição. Servir é estar disposto a oferecer forças e habilidades a quem precisa de ajuda, sem preconceitos nem distinção de pessoas; é pensar em como ser melhor para alguém. Isso deixa marcas em quem serve e em quem é servido, marcas de gratidão, de esperança e de alegria: essa é a recompensa do servo.

Jesus não olha para nossos talentos ou nossos méritos e, em sua bondade, nos chama para servir. Ele conta conosco: que privilégio! Nossa motivação deve ser o amor e não uma recompensa: foi isso que Ele ensinou. A maneira como vivemos, o trabalho pelo Reino de Deus e a forma como servimos aos outros mostram que entendemos o que Jesus nos pede.

23

Meditação sobre a Palavra de Deus

Glória a Deus no mais alto dos céus!

O nascimento de Jesus é, sem dúvida, a ação mais fascinante de Deus, que ama de um modo que ultrapassa nossa compreensão. Jesus é o amor de Deus que veio até o ser humano como uma criança: Ele se fez um de nós, pequeno e indefeso como todo recém-nascido.

Deus prometeu o Salvador; o mundo esperava o Salvador. Muitos pensavam em um rei poderoso, com um exército forte, capaz de derrotar aqueles que oprimiam o povo. Deus surpreendeu o mundo, fazendo-se pequeno. O Salvador do mundo não nasceu em um lugar comum: Ele nasceu onde ninguém poderia imaginar.

Vamos juntos meditar sobre esse acontecimento: Deus veio até nós. Queremos tornar presentes preocupações e dificuldades, realizações e esperanças. Trazemos nossa vida e pedimos vida para todos. A esse Deus que veio ao nosso encontro voltamos nosso olhar e, em sua presença, iniciamos: *em nome do Pai e do Filho e do Espírito Santo*. Amém.

Um dos textos que nos ajudam a meditar sobre esse acontecimento é a narrativa do nascimento de Jesus segundo São Lucas.

Texto bíblico: Lc 2,1-20.

- Leia mais uma vez, em silêncio, o texto proposto.

MEDITAÇÃO

A realidade das pessoas, à época do nascimento de Jesus, era difícil. O povo judeu vivia sob o domínio romano; alguns tinham privilégios, mas, a grande maioria sentia o peso da lei. A nossa realidade hoje é semelhante: os poderosos se impõem e o povo vive carente, sem condições dignas e com direitos negados.

- Como você se sente e o que faz diante de tantas pessoas vivendo à margem da sociedade?

Houve um decreto ordenando o recenseamento e as pessoas teriam que se registrar em suas cidades. José, da descendência de Davi, foi a Belém, cidade de Davi, para registrar-se com Maria. Ela estava já no final da gestação. Quando o menino nasceu, recebeu o nome Jesus, como o anjo havia dito (cf. Lc 1,31). Ela o envolveu em panos e o deitou em uma manjedoura, pois não havia lugar para se hospedarem. Jesus nasceu desconhecido, fora da sua terra, fora do ambiente da família. O Salvador não tinha exércitos nem riqueza; o poder de Deus estava na fragilidade e na ternura de um recém-nascido.

- Para sua vida, que significado tem Jesus ter nascido nessas condições?

Os pastores eram pessoas pobres e muitas vezes marginalizadas. E foram eles os primeiros a receber o anúncio da grande novidade do nascimento do Menino Jesus. São Lucas assim descreve: um anjo apresentou-se diante deles e a glória do Senhor os envolveu de luz; e eles sentiram medo. Das palavras do anjo destacam-se: *medo, alegria* e *hoje*. Era natural que os pastores sentissem *medo*, pois era noite, e o medo era ainda maior diante do que viam; o anúncio feito aos pastores era motivo de *alegria* para todos, sem exceção; e naquele dia, naquele *hoje* da humanidade, a promessa se cumpria. Três nomes identificam o Menino: *Salvador,* aquele que liberta; *Cristo*, que quer dizer ungido ou messias, o libertador esperado; *Senhor,* nome dado ao próprio Deus. Na criança na manjedoura o céu e a terra se tocavam; Deus veio dialogar conosco, iluminar nossa vida e libertar-nos de todo mal. Mistério de amor!

- Os pastores ouvem o anúncio como um presente do céu. Que presente você quer receber no Natal?

A aparição do anjo, a luz brilhante: como não sentir medo diante de tanta grandeza? O anúncio do nascimento do Salvador, Cristo e Senhor precisava de um grande sinal; a manifestação da glória de Deus indicava uma nova forma da sua presença no mundo. Por causa de Cristo podemos viver a paz entre nós; por causa da promessa cumprida, podemos dizer: toda honra e toda glória àquele que habita no alto dos céus e realiza muito mais do que poderíamos imaginar!

- Em silêncio, repita as palavras do coro dos anjos: "Glória a Deus nas alturas e paz na terra aos homens por Ele amados". Que significado essas palavras têm para você?

Os pastores acolheram a mensagem do anjo e decidiram ver o acontecimento anunciado; foram a Belém para ver o Filho de Deus feito homem, e desse encontro saíram profundamente transformados. São Lucas afirma que voltaram "glorificando e louvando a Deus por tudo o que tinham ouvido e visto" (Lc 2,20).

- O que você aprende com os pastores?

Vamos à "gruta de Belém"

Olhe para cada imagem no presépio que está no espaço do encontro e reflita sobre o Mistério do amor de Deus:

- Olhe para o **Menino Deus**, tão indefeso na manjedoura; como é possível que Deus venha ficar conosco escolhendo uma vida pobre, nascendo em uma gruta?
- Veja **Maria**, sua Mãe, sentindo a alegria da maternidade e a tristeza da falta de hospitalidade, e tudo guardando em seu coração.
- Olhe para **José**, que recebe o menino como pai, aceitando o que parecia ser a loucura de uma promessa.
- Olhe para os **pastores**, os primeiros a saber do nascimento de Jesus; neles, o medo e o espanto se transformaram em júbilo e alegria.

- Ouça a voz dos **anjos**; pense no desejo de paz entre os homens.
- Olhe para a **estrela**, luz que mostra o caminho que devemos seguir: o caminho para Belém, para ver o Salvador, o Menino que "nasceu para nós" (cf. Is 9,5).

▪ Quem você quer colocar no presépio?

BÊNÇÃO

Deus nos amou primeiro (cf. 1Jo 4,10), fez-se carne e veio ao nosso encontro. Esse amor tem um rosto e um nome: Jesus, o recém-nascido que vemos no presépio, motivo da nossa esperança. Que sejamos como os pastores de Belém: maravilhados com o que vimos e ouvimos, vamos contar aos outros!

Catequista: O Senhor esteja conosco.

Todos: Ele está no meio de nós.

Catequista: Que, celebrando o Natal, nosso coração se encha de alegria com a certeza de que Jesus está em nossa vida.

Todos: Amém.

Catequista: Que a presença de Jesus conosco nos ensine a partilhar o que somos e o que temos, a amar e a perdoar para que o Reino de justiça e de paz aconteça entre nós.

Todos: Amém.

Catequista: A bênção de Deus Todo-poderosos, Pai e Filho e Espírito Santo, desça sobre nós e permaneça para sempre.

Todos: Amém.

Catequista: A alegria do Senhor seja a nossa força; vamos em paz, e que o Senhor nos acompanhe.

Todos: Graças a Deus.

Tempo da PURIFICAÇÃO E ILUMINAÇÃO

Reconciliai-vos com Deus!

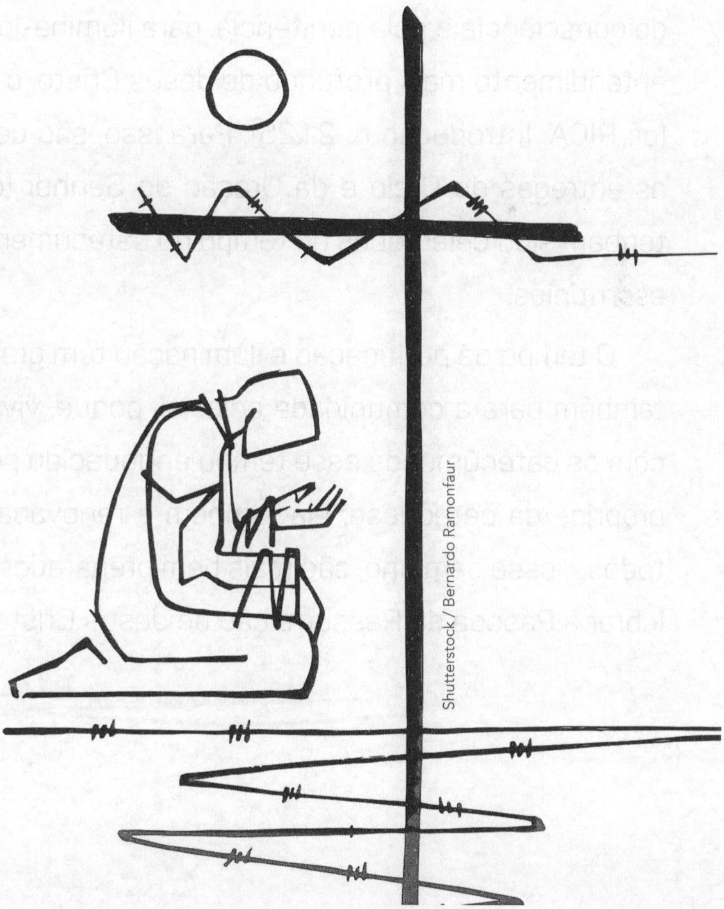

Shutterstock / Bernardo Ramonfaur

O que é o tempo da purificação e iluminação

O tempo da purificação e iluminação coincide, normalmente, com o Tempo Litúrgico da Quaresma e visa uma preparação imediata aos sacramentos da Iniciação Cristã. Mais do que um ensinamento ou uma formação, é um tempo voltado à vida interior, de intenso preparo espiritual e de purificação de corações e espíritos pelo exame de consciência e pela penitência, para iluminá-los por um entendimento mais profundo de Jesus Cristo, o Salvador (cf. RICA. Introdução n. 21.25). Para isso, são celebradas as entregas do Creio e da Oração do Senhor (caso não tenham sido celebradas no tempo do catecumenato) e os escrutínios.

O tempo da purificação e iluminação tem grande valor também para a comunidade eclesial, poque, vivenciando com os catecúmenos esse tempo enriquecido pelos ritos próprios da catequese, ela também é renovada e assim todos, nesse caminho, são mais bem preparados para celebrar a Páscoa da Ressurreição de Jesus Cristo.

Alegrai-vos, porque vossos nomes estão escritos no livro dos céus!

Em poucos dias você, que pede o Batismo, vivenciará um momento importante em sua caminhada de fé: a celebração do Rito da Eleição ou Rito da Inscrição do Nome. É celebração da eleição, porque a Igreja o recebe baseada na eleição de Deus; e é inscrição do nome, porque, demonstrando sua fidelidade a Deus, você inscreverá seu nome no livro dos eleitos da sua comunidade.

O Rito da Eleição chama nossa atenção para o agir de Deus, porque ser cristão é dom e chamado de Deus; e, também, para o nosso agir, porque a vida cristã é resposta a esse chamado. Em certa ocasião, Jesus falou sobre o livro dos céus; para nos prepararmos para a celebração, meditaremos sobre as suas palavras.

- Iniciemos traçando sobre nós o sinal da cruz, sinal do cristão: *em nome do Pai e do Filho e do Espírito Santo. Amém.*
- Prepare sua mente e seu coração para acolher as palavras de Jesus:

  Santo Espírito de Deus, ajudai-me a apreciar sempre mais as coisas divinas; com o coração ardendo pelo fogo do vosso amor, que eu me alegre com as coisas do céu e busque viver sempre unido a Cristo Jesus. Amém.

MEDITAÇÃO

O Evangelista Lucas narra o retorno dos discípulos que haviam sido enviados por Jesus com a missão de anunciar o Reino de Deus.

Canto: à escolha.

Texto bíblico: Lc 10,17-24.

- Leia, em silêncio, mais uma vez o texto proposto.
- Diga, em voz alta, as palavras que mais chamaram sua atenção.

Catequista: Ao retornarem, os discípulos contam a Jesus tudo o que havia acontecido e se mostram entusiasmados e felizes com o que tinham feito.

- O que deixa você feliz e entusiasmado?

Leitor 1: É Deus que coloca no coração de cada pessoa o chamado para a vida eterna por meio da Palavra e do anúncio da Boa-nova do Reino dos céus.

Catequista: São muitos os chamados, mas nem todos respondem. Deus, em seu Amor, espera de uma resposta de cada um.

- Como podemos responder ao chamado de Deus?

Catequista: Toda eleição é baseada em critérios; para Deus, o critério é um só: o amor. O seu amor por cada um de nós, e o nosso amor por Jesus e sua Palavra. Quem responde sim ao seu chamado torna-se um *eleito de Deus*, um escolhido para a vida eterna.

Leitor 2: Os setenta e dois discípulos percebiam sinais do Reino de Deus no mundo e disseram sim à missão que o Senhor lhes dava. Voltaram alegres e orgulhosos pelos feitos conseguidos: pelo nome de Jesus anunciaram o Reino e libertaram as pessoas do mal, curando doentes e expulsando demônios.

Leitor 1: Talvez eles trouxessem uma alegria muito humana, e não tivessem percebido que o sucesso não era mérito deles, mas fruto da intimidade com o Mestre.

Catequista: Jesus, então, alertou: o mais importante é ter os nomes escritos no livro dos céus, porque isso é algo definitivo, no Reino celeste, enquanto dominar demônios é momentâneo. Jesus quis mostrar aos discípulos que nada é mais definitivo do que o amor de Deus.

- Como você acolhe as palavras de Jesus dirigidas aos setenta e dois discípulos?

Catequista: Os eleitos têm seus nomes escritos no livro dos céus: são aqueles que, como os discípulos desse texto de São Lucas, ouvem, aceitam e acolhem Jesus, fazem a experiência do Reino e se tornam seus anunciadores.

Leitor 2: O Rito da Eleição é uma oportunidade para decidir e dar uma resposta ao chamado que Deus nos faz. Não pode ser apenas uma decisão de momento: escrever o nome no livro dos eleitos é sinal de compromisso e de fidelidade a Deus.

Catequista: Ser *eleito de Deus* não é privilégio nem ponto final de uma história; é aceitar de coração e ser fiel ao chamado de Deus com suas condições: abandonar o egoísmo, nossos próprios sentimentos, opiniões e pensamentos, nossas próprias vontades e ambições e em tudo fazer-nos semelhantes a Jesus.

Leitor 1: Para sermos *eleitos por Deus*, Ele não pergunta qual a nossa família, o que fizemos no passado ou o que poderemos fazer sozinhos; também não pede conhecimentos, talentos nem qualquer tipo de qualificação. O que importa para Deus é como respondemos ao seu chamado. Ele apenas nos ama e, por isso, *chama* para seguirmos seu Filho. Jesus nos transforma quando aceitamos o chamado do Pai e lhe entregamos alegremente nossa vida.

Catequista: Construir sua alegria com Jesus, seguindo seus passos: *é isso que você quer?*

- Em silêncio, apresente ao Pai a oração que está em seu coração. Lembre-se de que Ele espera sua resposta!

BÊNÇÃO

Catequista: O Senhor esteja com vocês!

Todos: Ele está no meio de nós!

Catequista: O Senhor Jesus Cristo esteja com você para o proteger, à sua frente para o conduzir, acima de você para o iluminar, atrás de você, para o guardar, ao seu lado para o acompanhar.

Todos: Amém.

Catequista: Que a bênção de Deus, Pai de amor e bondade, desça sobre nós: *em nome do Pai, e do Filho e do Espírito Santo. Amém.*

24

Sacramento do Batismo, sacramento da fé

Nesse encontro, conheceremos mais sobre o Sacramento do Batismo. Vamos começar com um gesto muito familiar para nós, cristãos: o sinal da cruz.

- Ao fazer o sinal da cruz, o que você está afirmando?

Na Criação, Deus quis que o ser humano participasse na sua vida divina e Ele habitava na alma humana. Isso é a *graça santificante*. Para recebê-la, só era necessário que o ser humano obedecesse à ordem divina (cf. Gn 2). Contudo, não foi assim (cf. Gn 3). Com a desobediência, rompendo a união com Deus, o ser humano perdeu a *graça santificante;* nascemos, portanto, sem essa graça em nós.

Todavia, Deus quis nos dar a chance de recuperar essa graça. Jesus nos reconciliou em definitivo com Deus, pagando na cruz por nossas faltas; e instituiu o *Sacramento do Batismo* para fazer chegar a cada pessoa a *graça santificante* que Ele nos conquistou na cruz. Essa graça que recebemos no Batismo é uma marca indelével, isto é, permanente: somos definitivamente moradas de Deus!

Na pregação dos apóstolos, nos primeiros séculos da Igreja, o Batismo era a entrada na comunidade para aqueles que acreditavam em Jesus. Para receber o sacramento, era necessário conhecer a Pessoa de Jesus e ter convicção em sua ressurreição e em sua presença na comunidade por meio dos sinais-sacramentos. Não era suficiente ouvir a pregação; quem pedia o Batismo precisava demonstrar, com mudança de vida e de mentalidade, a fé em Jesus Cristo.

Vida e Palavra se encontram

Nicodemos é um personagem presente apenas no Evangelho segundo São João. Ele era um fariseu, isto é, estudioso da Lei e zeloso quanto ao seu cumprimento. Ele quis saber como ingressar no Reino, o mundo novo sobre o qual Jesus falava, e foi ao seu encontro.

Texto bíblico: Jo 3,1-8.

- **O que diz a Palavra?**
  - O que você destaca nesse texto?
- **O que a Palavra diz para você?**
  - Você já se questionou como Nicodemos?

Esse texto do Evangelista João traz expressões como: "nascer de novo", "nascer da água", "nascer do Espírito", "sopro do vento". É com essa linguagem simbólica que Jesus aponta o sentido do Sacramento do Batismo.

> Nicodemos crê que Jesus vem de Deus: é o que indicam suas primeiras palavras dirigidas a Jesus. Porém, ele se baseia em evidências e argumentos: para Nicodemos, Jesus vem de Deus, *porque* realizou milagres. Jesus diz que isso não é suficiente: é preciso "nascer do alto" para ver o Reino de Deus. Nicodemos fica desconcertado: como alguém poderia nascer de novo? Jesus, então, explica: "nascer do alto" é nascer da água e do Espírito, é nascer para uma vida nova, passar a viver de acordo com o Espírito e abandonar vontades pessoais.

- Se você se prepara para ser batizado: sua decisão é baseada em uma conversão e uma convicção pessoais?
- Se você já recebeu o Batismo: você procura viver uma "vida nova"?

Batizar, palavra de origem grega, significa mergulhar. No rito do Batismo, a água expressa o simbolismo da morte e da ressurreição de Jesus: com Ele morremos para o que nos afasta do amor de Deus e dos irmãos, e com Ele ressuscitamos para a vida nova, para a graça santificante, para a salvação.

Jesus fala a Nicodemos sobre o Espírito, palavra que na língua grega significa sopro; "barulho", palavra também usada por Jesus, tem o sentido de voz. Portanto, o Espírito Santo é como o vento que sopra: não sabemos de onde vem ou para onde vai, mas ouvimos seu barulho, isto é, sua voz. O sentido das palavras de Jesus é: precisamos ouvir o Espírito Santo para que nossa fé seja transformada de uma fé baseada em evidências e argumentos a uma fé sustentada na graça de Deus. O dom do Espírito Santo, recebido no Batismo, nos faz capazes de concretizar a fé em atitudes de serviço e de doação.

- Como ouvir a voz do Espírito Santo em sua vida?

➤ Trazendo a Palavra para a vida

Na celebração do Batismo, a veste branca e a vela são sinais do compromisso que o batizado assume.

- Qual o compromisso dos batizados?

O Batismo é celebrado *em nome do Pai, e do Filho e do Espírito Santo*. Assim, somos inseridos na comunhão da Santíssima Trindade: nós nos tornamos filhos do Pai, irmãos de Jesus e casas do Espírito Santo.

- Como entender e viver esse nosso lugar na família divina?

Pelo Batismo começamos a fazer parte da comunidade dos que creem em Jesus; ser batizado é comprometer-se com essa "família" e viver o projeto do Senhor.

- Como cada batizado pode viver esse compromisso com a Igreja?

Celebrando a vida

Jesus chama cada pessoa para uma vida com Ele. Entretanto, não se impõe: "bate à porta", quer falar ao coração de cada uma, e espera uma resposta de quem ouve seu chamado. Essa resposta começa com a disposição ao Batismo: querer, celebrar e viver.

- Em silêncio, leia e reflita sobre o versículo indicado do Livro do Apocalipse; que palavra, fruto da sua reflexão, você quer partilhar?

"Eis que estou à porta e bato. Se alguém ouvir a minha voz e abrir a porta, eu entrarei na sua casa." (Ap 3,20).

- A Jesus, que nos chama e espera nossa resposta, vamos dirigir nossas preces:

Catequista: Tu me chamas, Senhor, para ouvir a tua voz. Eu respondo:

Todos: *Sim, Senhor Jesus, eu quero!*

Catequista: Tu me acompanhas, Senhor, para saber viver o meu Batismo. Eu respondo:

Todos: *Sim, Senhor Jesus, eu quero!*

Catequista: Tu me animas para mostrar com entusiasmo o teu amor ao mundo. Eu respondo:

Todos: *Sim, Senhor Jesus, eu quero!*

Rezemos juntos: Sl 42(41),2-3.

2 *Como a corça suspira pelas águas correntes, assim minha alma suspira por ti, meu Deus.*
3 *Minha alma tem sede de Deus, do Deus vivo: quando entrarei para ver a face de Deus?*

Transformando a vida

Como batizados somos chamados a fazer de cada novo dia uma experiência daquilo que cremos e de quem adoramos.

- Que compromisso você se propõe assumir revelando o seu Batismo?

Uma reflexão para o caminho

Nicodemos estava ao lado de José de Arimateia no sepulcro de Jesus (cf. Jo 19,39); assim, parece ter entendido que seu prestígio, seus bens, sua cultura e até mesmo sua religião não eram suficientes para que ele visse o Reino de Deus. Nós, batizados, precisamos cuidar da vida nova que recebemos no nosso Batismo. Como fazer isso? Cultivando a escuta e a leitura da Palavra de Deus, meditando sobre sua vontade em nossa vida, procurando servir a Deus pela participação na Missa e pelo testemunho de uma vida que busca a santidade e pratica a caridade.

25

Sacramento da Confirmação, sacramento do Espírito Santo

Antes de voltar à casa do Pai, Jesus prometeu enviar aos seus discípulos o Espírito Santo, que os acompanharia (cf. Jo 14,16), guiando em toda a verdade (cf. Jo 16,13) e ensinando o que dizer como suas testemunhas (cf. Lc 12,12). No dia de Pentecostes (cf. At 2,1-13), a promessa se cumpriu e o Espírito foi derramado sobre os apóstolos (cf. CIgC, n. 731).

Se o Batismo é o sacramento da fé, a Confirmação é o sacramento do Espírito Santo. Na celebração da Confirmação, tal como aconteceu em Pentecostes, o Espírito é derramado sobre o batizado para encorajá-lo e fortalecê-lo como testemunha de Jesus.

Confirmação e Crisma são duas maneiras de nos referirmos ao sacramento; as duas palavras ajudam a compreender o sentido do sacramento. *Confirmar* é manter firme, sustentar, afirmar o que já tinha por verdadeiro (Priberam, 2024). Ser confirmado, então, é ter a força do Espírito Santo para se manter firme na vivência do Batismo, ou seja, como seguidor de Jesus Cristo, na pertença à Igreja e na missão.

Crismar significa ungir. No Antigo Testamento a unção era símbolo de alegria, de poder, de cura, de consagração; no Novo Testamento, a unção tem o sentido de receber a plenitude dos dons do Espírito Santo. Ser crismado, portanto, é ser tocado pelo Espírito Santo.

Vida e Palavra se encontram

O Livro dos Atos dos Apóstolos traz algumas narrativas dos apóstolos comunicando o dom do Espírito Santo, cumprindo a vontade de Jesus Cristo. A imposição das mãos, sinal da transmissão do Espírito Santo, foi conservada pela Igreja.

Texto bíblico: At 19,1-6.

➤ **O que diz a Palavra?**

- O que mais chama sua atenção nesse texto?

➤ **O que a Palavra diz para você?**

Quem recebe o Sacramento da Confirmação "deve estar preparado para assumir sua função de discípulo e de testemunha de Jesus Cristo" (CIgC, n. 1319) no mundo e no serviço na Igreja: foi assim com os apóstolos depois de Pentecostes. Todos os que são confirmados têm o compromisso de ensinar o que Jesus disse e a missão de colocar-se a serviço dos irmãos e irmãs.

- Que testemunho de Jesus você quer dar como crismado?
- A Confirmação, dom de Deus, é um compromisso assumido e uma missão aceita.
- Dom, compromisso e missão: receber o Sacramento da Confirmação sugere alguma mudança de vida para você?

Na Confirmação recebemos a graça que nos fortalece para lutarmos contra o mal e para sermos responsáveis com o outro. Se nos tempos atuais a sociedade parece estar construída sobre interesses, prazer e poder, o Espírito Santo derramado sobre nós ensina (e nos leva a ensinar) a sermos mais fraternos e a lutarmos contra o medo, as injustiças, a violência, a opressão: Ele nos faz transformadores do mundo.

- A Confirmação o tornará comprometido com a missão de Jesus Cristo; o que pensa sobre isso?

➤ Trazendo a Palavra para a vida

Na celebração da Confirmação há dois gestos bastante significativos, que acentuam o envio e a missão; são eles:

- ***A imposição das mãos:*** tem o sentido de tomada de posse (Deus escolhe), missão (Deus envia) e proteção (Deus protege). Esse gesto revela a transmissão do Espírito Santo e a missão recebida. Impondo as mãos sobre todos os crismandos, quem preside diz: "Deus Todo poderoso... enviai-lhes o Espírito Santo Paráclito; dai-lhes, Senhor, o espírito de sabedoria e inteligência, o espírito de conselho e fortaleza, o espírito de ciência e piedade, e enchei-os do espírito de vosso temor".

- ***A unção com o óleo do crisma:*** significa receber a marca do Espírito Santo; o gesto tem o sentido bíblico de escolha divina e consagração a serviço da comunidade. O óleo simboliza a força do Espírito Santo para nos ajudar em nossa vida cristã; o perfume misturado ao óleo recorda que devemos levar o odor de Cristo aonde formos. A unção é o momento central do rito da Confirmação; ungindo a fronte do crismando com o sinal da cruz, o presidente diz "Recebe, por este sinal, o Espírito Santo, o dom de Deus", e o crismando responde, com convicção "*Amém*". Na sequência, o crismando responde "E contigo também!" à saudação de quem preside, que diz "A paz esteja contigo!". O óleo é a *matéria* do Sacramento da Confirmação; a *forma* são as palavras ditas no momento da unção.

O gesto da unção explica o nome "cristão", que quer dizer ungido e tem origem no próprio nome Cristo (cf. At 10,38). Por esse gesto, o crismando recebe a marca do Espírito Santo, que assinala a pertença a Cristo e o empenho pessoal em servi-lo. Essa marca, assim como acontece no Batismo, é indelével, ou seja, para sempre.

Celebrando a vida

No Rito da Confirmação, uma oração pede que os dons do Espírito Santo sejam derramados sobre os crismandos. Esses dons foram citados pelo Profeta Isaías ao se referir Àquele que viria transformar o mundo com seu Espírito (cf. Is 11,2-5).

- Os dons do Espírito Santo agem em nós e nos configuram a Cristo. Com nossas velas acesas, sinal da vontade de nos deixarmos guiar pelo Espírito de Deus, peçamos:

Dá-nos, Espírito Santo, o dom da sabedoria e o dom do entendimento para sabermos enxergar o mundo segundo o Evangelho de Jesus Cristo e para vermos nos acontecimentos da vida o projeto de amor do Pai.

Dá-nos, Espírito Santo, o dom do conselho e o dom da fortaleza para escolhermos sempre o que é do teu agrado e para nos sustentarmos diante dos desafios da missão.

Dá-nos, Espírito Santo, o dom da ciência e o dom da piedade para escolhermos os teus caminhos e vivermos em comunhão contigo, com o Pai e o Filho.

Dá-nos, Senhor, o dom do santo temor para amarmos a Deus com amor filial e reconhecermos a força da tua presença em nós.

Rezemos: Sl 143(142),8.10.

8 *Faze-me ouvir pela manhã teu amor, pois é em ti que eu confio.*

Dá-me a conhecer o caminho que devo seguir, pois a ti elevo a minha alma.

10 *Ensina-me a fazer tua vontade, pois tu és meu Deus.*

Teu bom espírito me guie por terra plana.

Transformando a vida

Consciente da sua responsabilidade como cristão (cf. LG, n.11), o crismado assume o anúncio do Reino de Deus com sua vida para a transformação do mundo. Por isso, a Confirmação é o sacramento da maturidade cristã.

▸ O que você quer assumir como compromisso de crismado?

Uma reflexão para o caminho

Além das virtudes da fé, da esperança e da caridade (virtudes teologais, recebidas no Batismo) e da plenitude dos dons (recebida na Confirmação), o Espírito Santo dá graças particulares para benefício pessoal e para o bem de todos: são os carismas. Diferentemente da graça santificante, das virtudes e dos sacramentos, que são comuns a todos os batizados, os carismas não são dados a todos igualmente. Os carismas ajudam a edificar a Igreja pelo chamado aos ministérios, pelo dom de ensinar, de exortar ou de administrar, pelo exercício da caridade e da misericórdia, entre outros (cf. Rm 12,4-8). Em uma comunidade, os carismas recebidos, com sua diversidade e complementaridade, devem cooperar para o bem de todos (cf. CIgC, n. 801).

26

Sacramento da Eucaristia, sacramento do amor

Para o povo da Bíblia, uma refeição sempre era algo importante, que indicava amizade, fraternidade e hospitalidade. Muitas vezes, Jesus sentou-se à mesa para partilhar uma refeição com seus amigos ou rodeado por aqueles que a sociedade ignorava ou acusava. Dessa forma, Ele mostrava que o amor de Deus é para todos, e todos, sem exceção, são convidados para uma vida como irmãos.

A última refeição com seus discípulos, pouco antes de ser preso e condenado à morte, tem um significado especial. Jesus quis celebrar a Páscoa-libertação da escravidão no Egito (cf. Mt 26,17-19); mas, com gestos e palavras novos, Ele antecipou o acontecimento da Cruz.

Vida e Palavra se encontram

Jesus quis permanecer conosco como alimento para que pudéssemos experimentar o seu amor.

Texto bíblico: Mt 26,26-29.

- **O que diz a Palavra?**
  - O que você destaca no texto?

➤ O que a Palavra diz para você?

Na linguagem da Bíblia, corpo é a pessoa, com toda a sua história; sangue é vida. Jesus, na Última Ceia, ofereceu o pão e o vinho e disse: "isto é o meu corpo... isto é o meu sangue". Fazendo aquilo que fez em toda a sua vida, ou seja, a doação radical de si mesmo, Ele se entregou para que nós tivéssemos vida. Foi assim que Jesus nos deu a Eucaristia: Ele se repartiu, se ofereceu e se doou. A Eucaristia é a presença maior que Jesus deixou de si mesmo para nós: é o amor se oferecendo a cada pessoa!

- O que você sabe sobre o Sacramento da Eucaristia?

A palavra *eucaristia*, da língua grega, significa ação de graças. O Sacramento da Eucaristia é uma grande ação de graças a Deus, que nos enviou Jesus, seu Filho, para experimentarmos o amor maior. Na ceia, Jesus entregou seu corpo e seu sangue no pão e no vinho; na cruz, entregou-se inteiramente ao Pai, abrindo para nós o caminho da salvação. Cada vez que participamos da Missa, isto é, da celebração da Eucaristia, fazemos nossa ação de graças a Deus.

- Você tem motivo para fazer uma ação de graças a Deus?
- Você participa sempre da celebração da Eucaristia?

Jesus afirmou sua presença real no pão e no vinho. O pão já não é pão, é o Senhor que se dá a nós como alimento de vida; o vinho já não é vinho, é o sangue do Senhor, é vida para nossa vida. Comer a carne e beber o sangue de Jesus é assimilar a sua Pessoa e sua forma de ser: é querer viver como Ele.

- Pela Eucaristia, permanecemos em Cristo e Ele em nós (cf. Jo 6,56). *Como você entende esse permanecer em Cristo?*
- Jesus chamou você para participar da refeição da Eucaristia: *por quê? Como se sente em relação a esse convite?*

Ao dizer *meu corpo entregue... meu sangue derramado* Jesus deu àquela ceia o mesmo sentido do que aconteceria na cruz. A Eucaristia torna viva e presente a entrega de Jesus na cruz para nos conquistar a salvação; celebrando, portanto, fazemos memória dessa entrega. O próprio Jesus ordenou que celebrássemos em sua memória (cf. Lc 22,19).

- Qual o sentido das palavras de Jesus no versículo 19?

➤ Trazendo a Palavra para a vida

Olhando para suas atitudes e palavras podemos afirmar: toda a vida de Jesus foi eucarística, porque expressava justiça, partilha e amor pelas pessoas.

A Eucaristia é um chamado à unidade, ao encontro, à partilha, à solidariedade, à comunhão de vida. Jesus se partilhou conosco e, ao participarmos da Eucaristia, nos comprometemos com a partilha.

- Receber o Corpo e o Sangue de Jesus, na Eucaristia, é tornar-se *outro cristo*. O que isso significa?
- Como podemos tornar nossa vida mais eucarística?
- Celebrar a Eucaristia é comprometer-se com os outros, em especial com os mais necessitados. *Como nós podemos viver isso?*

Celebrando a vida

Pela Eucaristia, somos chamados a sair do nosso egoísmo para sermos sinais vivos de Jesus Cristo no mundo. Partilhando esses pães, vamos recordar: somos chamados à partilha de vida, do que somos e do que temos.

- ▶ Escolha um dos pães apresentados pelo catequista; depois, procure quem tem um pão com a mesma palavra que o seu; juntos, conversem sobre essa palavra, à luz das reflexões feitas nesse encontro.

» Todos juntos, vamos fazer uma prece de agradecimento:

Deus Pai, eu vos dou graças, porque, por vossa bondade, quisestes me alimentar com a Eucaristia, Corpo e Sangue do vosso Filho, nosso Senhor Jesus Cristo. Amém.

Rezemos: Sl 36(35),8-10.

8 *Quão precioso é teu amor, ó Deus! Todas as pessoas refugiam-se à sombra de tuas assas,*

9 *saciam-se da abundância de tua casa, e lhes dás a beber da torrente de tuas delícias.*

10 *Porque contigo está a fonte da vida, à tua luz vemos a luz.*

Transformando a vida

Doando-se, Jesus nos chama para imitá-lo, indo ao encontro dos irmãos como sinal de solidariedade e do amor de Deus.

- Que compromisso você assume diante desse chamado de Jesus?

Uma reflexão para o caminho

Pelo trabalho de muitos homens e mulheres, muitos grãos de trigo tornam-se pão e muitos cachos de uva tornam-se vinho. Esse é o convite que a Eucaristia nos faz: construirmos, todos juntos, a unidade; essa era a vontade de Jesus: "Que todos sejam um como tu, Pai, estás em mim e eu em ti..." (Jo 17,21).

Na celebração eucarística, o sacerdote invoca o Espírito Santo sobre o pão e o vinho para que se tornem Corpo e Sangue de Cristo; depois, o mesmo Espírito é invocado sobre todos os fiéis reunidos para que, recebendo a Eucaristia, sejam transformados em um só corpo: a Igreja, Corpo de Cristo. É o que rezamos na Oração Eucarística III:

Olhai com bondade a oferenda da vossa Igreja, reconhecei o sacrifício que nos reconcilia convosco e concedei que, alimentando-nos com o Corpo e o Sangue do vosso Filho, sejamos repletos do Espírito Santo e nos tornemos em Cristo um só corpo e um só espírito (Hoje é dia de liturgia, 2023).

27

Sacramento da Reconciliação, sacramento da misericórdia

Nascemos para viver bem, fazendo o bem. E, de fato, todos nós fazemos coisas boas e nos sentimos bem assim. No entanto, muitas vezes, agimos mal, dizendo ou fazendo algo que fere o outro.

- Como você decide se o que quer fazer é bom e não prejudicará alguém?
- É possível desfazer um erro que cometemos? Como?

Muitas pessoas dizem que cada um deve decidir sobre sua própria vida, sem ter que seguir ideias ou conselhos. Cada um parece ter seu conceito de certo e errado.

- Existe pecado? O que você pensa sobre isso?

É preciso primeiro reconhecer que existe uma ligação muito íntima de cada pessoa com Deus para enxergar o pecado como ele realmente é: recusa e oposição a Deus (cf. CIgC, n. 386). Pecar é dizer não ao amor de Deus e ignorar tudo o que Ele, em sua bondade, nos oferece para termos vida plena em seus caminhos. Os caminhos de Deus estão em nossa vida: nós os percorremos com nossos atos e omissões.

Não podemos negar a realidade do pecado no mundo, mas a misericórdia de Deus é bem maior: Ele enviou seu Filho Jesus para nos livrar do pecado. Antes de se entregar, Jesus instituiu o sacrifício da nova e eterna Aliança para a remissão dos nossos pecados; e ressuscitado, com o dom do Espírito Santo, deu aos apóstolos o poder para perdoar os pecados em seu nome (cf. Jo 20,22s.).

No início de sua vida pública, Jesus chamou à conversão (cf. Mc 1,15); isto é, a buscar os caminhos de Deus. Conversão é a luta diária (cf. 2Tm 4,7) para chegar à vida eterna para a qual o Senhor nos chama (cf. CIgC, n.1426); é nosso esforço constante para não cedermos ao mal, ao egoísmo e ao desamor (cf. Gl 5,13-26).

- Os encontros nesse grupo de catequese têm ajudado você em sua conversão pessoal?

Vida e Palavra se encontram

Jesus Cristo ia ao encontro dos pecadores, mas não os condenava; com palavras e atitudes, queria que sentissem o amor do Pai e mudassem de vida.

Texto bíblico: Lc 19,1-10.

➤ **O que diz a Palavra?**

- Que situações, gestos e palavras chamam sua atenção no texto?

➤ **O que a Palavra diz para você?**

Zaqueu era uma pessoa presa a seus interesses e a seus erros, enganando as pessoas. Decidiu "ver quem era Jesus", foi ousado e conseguiu.

- Você já quis "ver quem é Jesus"? Por quê? Qual a sua "árvore"?
- Que "multidão" impede você de ver Jesus?

Depois do encontro com Jesus, Zaqueu mudou de atitude.

- O encontro de Zaqueu com Jesus ajudou você a compreender o que o amor incondicional e o perdão de Deus provocam em nós?

O Evangelista Lucas não nos diz o que Zaqueu e Jesus conversaram.

- Como você imagina essa conversa?

Trazendo a Palavra para a vida

A história de Zaqueu é igual à história de muitas pessoas que vivem seus projetos pessoais, alheios às necessidades dos outros e que, em um momento da vida, são atraídas para Jesus. Muitos de nós, apesar de vivermos procurando Jesus, não o encontramos, porque não ousamos ou porque nossos interesses nos impedem.

"Hoje a salvação entrou nessa casa" (Lc 19,9), disse Jesus. O hoje é o momento certo: Zaqueu, que procurava, foi encontrado pelo amor de Deus manifestado em Jesus. O hoje é toda hora, é o momento para retomar o caminho de Deus, que se alegra com aquele que está disposto a assumir uma vida nova com Ele.

- Você está disposto a viver o seu "hoje"?

O texto mostra que Jesus nos dá oportunidades para nos renovarmos e nos refazermos. Zaqueu restaurou seu relacionamento com Deus e com comunidade, comprometeu-se a fazer reparações. Isso nos desafia a buscar a reconciliação com Deus e com os irmãos.

- Você já fez a experiência de se reconciliar com alguém? Como se sentiu?

Com Jesus descobrimos que Deus é misericórdia e sempre quer nos perdoar; quando erramos, Ele espera uma reorientação radical da nossa vida: nossa volta aos seus caminhos. Em nosso auxílio, Jesus nos deu um grande presente: o Sacramento da Reconciliação, o encontro com a misericórdia de Deus.

- No encontro de Zaqueu com Jesus como aparece a reconciliação?

Celebrar a Reconciliação é uma oportunidade para acolher o perdão de Deus e, também, para aprender a perdoar o irmão. Esse sacramento nos fortalece para vencermos "as multidões" do caminho, para "subirmos a árvore" que nos leva a ver Jesus, para resistirmos às tentações do "eu" e para perdoarmos o outro.

Buscar o Sacramento da Reconciliação mostra vontade de conversão. Jesus nos diz, como disse a Zaqueu: "hoje o perdão e a paz entraram em teu coração".

- Partilhe: Como você se sente em relação ao Sacramento da Reconciliação?

Celebrando a vida

Olhar para nossa vida, procurando ver o que gostaríamos de não ter feito, que prejudicou alguém ou ofendeu a Deus, é fazer um exame de consciência.

- ▶ Você é convidado a fazer um pequeno exercício de examinar sua consciência, seguindo o que é proposto:
  - » Faça uma reflexão pessoal sobre suas atitudes ou palavras que feriram alguém ou a Deus.
  - » Depois da reflexão pessoal, escreva em uma das cruzes desenhadas no papel que recebeu o que entende como suas faltas, diante de Deus e dos outros.

Deus nos dá oportunidades para repararmos nossas faltas no dia a dia, e tudo é levado ao seu coração no Sacramento da Reconciliação.

- ▶ Pense e escreva, na cruz desenhada no outro lado do papel que recebeu, como em que você pode mudar.

Deus ama você com amor de predileção: você é precioso! Esse amor está aqui simbolizado no coração colocado diante de nós.

- ▶ Consciente das faltas cometidas e de que pode começar um caminho de volta ao colo de Deus, coloque nesse coração a sua cruz de papel, com suas faltas, sua vontade de voltar ao Pai e seu agradecimento a Deus.

» Depois de colocar sua cruz simbolicamente no coração de Deus Pai, molhe seus dedos na água perfumada e trace, sobre você, o sinal da cruz: a água é purificação, o perfume é sinal do bom odor do cristão, o sinal da cruz é a manifestação da nossa certeza de que nossa vida está mergulhada na vida de Deus.

Rezemos, todos juntos: Sl 51(50),12-14.

12 *Ó Deus, cria em mim um coração puro e renova-me por dentro com um espírito decidido!*

13 *Não me afastes de tua presença, nem retires de mim teu santo espírito.*

14 *Restitui-me a alegria de tua salvação e sustenta-me com um espírito generoso.*

Transformando a vida

Precisamos ter consciência das situações de pecado existentes no mundo que ferem a dignidade do ser humano e estão em desacordo com o plano de Deus, como a injustiça, a corrupção, a fome, a miséria, a opressão, as guerras, as exclusões etc.

▶ Que compromisso você se propõe assumir diante de tais situações?

Uma reflexão para o caminho

O Livro do Gênesis relata a intimidade entre Deus e o ser humano: Deus passeava no jardim à brisa da tarde (cf. Gn 3,8). Desobedecendo ao Criador, o homem e a mulher se esconderam, envergonhados. Porém, Deus toma a iniciativa e vai ao encontro do ser humano. O homem e a mulher se surpreendem com o chamado de Deus (cf. Gn 3,8), que começa um diálogo com eles. Deus refaz o vínculo do ser humano com Ele, estende sua mão, reafirma seu amor e sua fidelidade, ainda que, para isso, tenha que dar seu Filho. Essa passagem do Livro do Gênesis nos ensina que, mesmo resistindo ao amor, com nossos erros, Deus continua amando: Deus é Amor (cf. 1Jo 4,8).

28

Meditação sobre
a Eucaristia

Desejei ardentemente comer esta Ceia da Páscoa convosco

Iniciemos traçando sobre nós o sinal da cruz, recordando aquele que nos chamou à vida: *em nome do Pai e do Filho e do Espírito Santo. Amém.*

Prepare o seu coração para ouvir Jesus. Vá ao seu "santuário", lá onde só o Senhor pode também entrar; em silêncio, fale com Jesus: diga como se sente, o que traz para o momento.

Peça a luz do Espírito Santo para compreender o grande Mistério da Eucaristia:

Espírito Santo de Deus, dai-me sabedoria para compreender a Eucaristia, Mistério do Amor infinito de Jesus por mim e por toda a humanidade. Tornai-me capaz de testemunhar com alegria esse Amor que se fez alimento para nossa vida. Amém.

MEDITAÇÃO

Os evangelistas contam que, antes da festa da Páscoa, Jesus, sabendo "que tinha chegado a hora de passar deste mundo para o Pai" (Jo 13,1), quis celebrar uma ceia com os seus discípulos. As horas que antecederam a paixão e morte de Jesus ficaram gravadas fortemente na memória e no coração daqueles que caminharam com Ele e, por isso, os evangelhos trazem detalhes da Última Ceia. Não foi apenas uma refeição com amigos, como tantas outras, mas a entrega de um dom inestimável, a demonstração do amor imenso do Senhor por toda a humanidade.

Texto bíblico: Lc 22,14-23.

O Papa Paulo VI disse que é necessário nos aproximarmos do Mistério da Eucaristia com humilde respeito, sem buscar razões humanas, mas aderindo à Revelação divina (cf. MF, n.16).

- Leia, novamente, em silêncio, o texto. Procure ver com atenção os gestos e as palavras de Jesus.
- Feche seus olhos e tente imaginar o lugar onde se deu a Última Ceia; procure ver Jesus à mesa com os apóstolos e perceba todos os olhares voltados para Ele.

  Procure reconhecer Pedro.

  - O que ele estaria pensando? O que estaria sentindo?

  Reconheça João, o *discípulo amado*, reclinado ao lado do Mestre, com a cabeça encostada em seu peito.

  - Que sentia João naquele momento?

  Reconheça, também, Judas Iscariotes, aquele que já havia decidido trair o Senhor.

  - Como Judas estaria se sentindo diante de Jesus?

- Faça-se presente; coloque-se ao lado de Jesus e dos seus apóstolos.
- Escute Jesus: "Desejei ardentemente comer esta Ceia da Páscoa convosco antes de sofrer. Pois eu vos digo: nunca mais a comerei, até que ela se realize no reino de Deus" (Lc 22,15). Procure perceber os sentimentos de Jesus ao pronunciar essas palavras. Ele não pensa apenas naqueles que ali estão, seus amigos mais próximos, mas pensa em todos os homens e em todas as mulheres, de todos os tempos: pensa em você, em todos nós.

Jesus sabe que aquela ceia é parte da sua Paixão, daquilo que teria que sofrer, e antecipa o sacrifício da cruz que iria fazer em benefício de toda a humanidade.

Deixe que seu olhar se prenda a Jesus; deixe-se, também, olhar por Jesus.

- Como é o olhar de Jesus neste momento? Um olhar silencioso, que penetra no coração de cada pessoa? Um olhar misericordioso, que perdoa e acolhe? Um olhar carregado de tristeza?
- Como você se sente, olhando para Jesus e sendo olhado por Ele?

Jesus se apresenta como cordeiro, afirmando que sua vida será entregue pelos erros de todos nós. Observe os gestos que acompanham estas palavras de Jesus: abençoa o cálice, dá graças ao Pai, pega o pão e reparte entre os apóstolos, faz passar o cálice entre eles.

Olhe para as mãos de Jesus. Tudo que aquelas mãos tocavam era transformado; mãos que curavam e faziam milagres, e que logo seriam pregadas à cruz.

- Como você vê as mãos de Jesus?

Escute Jesus dizendo: "Tomai este cálice e distribuí entre vós... Isto é meu corpo, que é dado por vós. Fazei isto em memória de mim" (Lc 22,17.19). Um amor radical: sob a aparência de pão e de vinho, Jesus entregou seu Corpo e seu Sangue e mandou que se fizesse, até o final dos tempos, o que Ele fazia naquela refeição.

Reflita sobre esse Mistério do Amor. Jesus preparou a Eucaristia com palavras, encontros e gestos, com seu desejo de saciar fomes, aproximando-se das pessoas, compartilhando tudo, até chegar ao dom maior de sua vida.

Observe o desapontamento dos apóstolos ao ouvirem que um deles trairia o Mestre.

- Quem poderia fazer uma coisa destas?

Olhe, mais uma vez, para Jesus. Sua fisionomia é grave. Escute: "Eis, porém, que a mão de quem me vai entregar está comigo à mesa" (Lc 22,21).

- O que sente Jesus nesta hora?

Jesus, divino e humano, humilde e obediente ao Pai, sofre em sua humanidade. Deixe-se ficar ao lado de Jesus; contemple sua disposição radical de entregar-se à morte para nos dar vida.

Enquanto seus inimigos tramavam como tirar Jesus do mundo, planejando sua morte, Ele instituiu um modo de ficar para sempre conosco. Participar na ceia eucarística é se colocar presente naquela ceia, é se fazer testemunha da cruz, alcançado e marcado pelo amor de Cristo.

- Como responder a um amor assim?

Ao se aproximar para receber a Eucaristia, você deve pensar: Jesus está ali, desejando ardentemente ser recebido por mim, com todas as minhas imperfeições.

- Como responder a um amor assim?

Jesus ia ao encontro das pessoas: da mulher samaritana, de Zaqueu, do cego Bartimeu... Na Eucaristia, Jesus vem ao *seu* encontro, Ele se dá a *você*.

- Jesus se dá a você; e você, não se dá a Ele?
- O que você quer dizer a Jesus agora? Um agradecimento pelo dom da Eucaristia, pela oferta da sua vida por você? Um pedido de perdão por não desejar ardentemente, você também, participar nessa ceia? Uma súplica amorosa para nunca

se afastar da Eucaristia, nunca se afastar de Jesus? Escreva, na folha de papel que recebeu, o que está em seu coração.

Como Jesus fez com seus amigos na sua última refeição, você é convidado a participar da partilha do pão. Não queremos simbolizar a Eucaristia, mas pensar sobre a Eucaristia: sobre a entrega de Jesus por toda a humanidade e sobre o sentido de participarmos na Eucaristia na comunidade.

Olhe para o pão em suas mãos. Pense nas palavras de Jesus na Última Ceia, que ficaram gravadas no coração dos apóstolos.

- Essas palavras estão também gravadas em seu coração?
- Aceita viver em verdade a Eucaristia, viver a vida com Jesus?

Cada vez que recebemos a Eucaristia, nosso coração deve estar totalmente preenchido de louvor e de agradecimento por esse amor que foi às últimas consequências: na palma da nossa mão está o Senhor, que quis permanecer conosco. Louvado seja Nosso Senhor Jesus Cristo! Para sempre seja louvado!

BÊNÇÃO

Catequista: Deus, que enviou ao mundo seu Filho Jesus Cristo, sua Palavra viva, faça de nós mensageiros do Evangelho e testemunhas do seu amor. Abençoe-nos Deus Pai, e Filho e Espírito Santo.

Todos: Amém.

Para saber mais...

O que é o Tríduo Pascal

No calendário litúrgico, concluído o período da Quaresma, tem início a **Semana Santa**, na qual revisitamos o Mistério da nossa salvação, levado ao cumprimento por Jesus Cristo; em cada dia da semana, recordamos os passos de Jesus até a sua entrega e ressurreição. Vivenciando a Semana Santa, deve crescer em nós o propósito de nos santificarmos a partir do Mistério celebrado, comprometendo-nos com a transformação da sociedade.

A Semana Santa tem início com o **Domingo de Ramos e da Paixão de Nosso Senhor Jesus Cristo**, com dois momentos contrastantes: a entrada triunfal de Jesus em Jerusalém, poucos dias antes de sua morte e ressurreição, e o drama da sua Paixão; o grito festivo de "Hosana!" e o "Crucifica-o!". Em uma procissão solene, os ramos recordam a acolhida do povo a Jesus, colocando ramos por onde Ele passou montado em um jumento. Nessa mesma celebração, somos colocados diante do relato da paixão de Jesus: o povo que acolheu Jesus triunfante é o mesmo que pede sua morte.

O **Tríduo Pascal** é uma mesma celebração que tem início na noite da quinta-feira da Semana Santa e é concluída na noite do sábado. Vamos compreender o que acontece nesse período:

- **Missa da Ceia do Senhor (quinta-feira):** memória da instituição da Eucaristia e do sacerdócio. Nessa celebração acontece o rito do lava-pés, não como uma encenação, mas como um gesto litúrgico que repete o gesto de Jesus na Última Ceia, para nos lembrar do seu desejo de que devemos servir uns aos outros. Ao final da celebração acontece a transladação do Santíssimo (isto é, as hóstias consagradas são levadas, em procissão, para outro local); assim tem início a entrega de Jesus: Ele sai do meio do povo e vai orar ao Pai, nós vigiamos.

- **Celebração da Paixão do Senhor (sexta-feira):** silêncio, oração e jejum não são sinais de luto, mas de profundo respeito diante da morte do Senhor, porque Ele venceu a morte e trouxe a salvação para todos. Fazem parte da celebração desse dia: a Liturgia da Palavra, na qual se proclama a paixão de Jesus Cristo; a Oração Universal, expressando a catolicidade (universalidade), para que Jesus não morra mais; a adoração da cruz, para nossa reflexão (a cruz, erguida sobre o mundo, segue de pé como sinal de salvação e esperança); e a comunhão eucarística. O silêncio, atitude de oração e contemplação, nos recorda que Cristo está no sepulcro; ficamos ao seu lado, à espera da sua Ressurreição.
- **Solene Vigília Pascal (sábado):** "mãe de todas as vigílias", noite santa em que Cristo ressuscitou. Nessa celebração:
  - O início se dá com a bênção do fogo novo, a preparação do Círio Pascal (o tempo, as coisas, a humanidade, tudo está sob o poder de Cristo) e uma procissão, na qual renovamos nossa fé em Cristo, Luz do mundo: "Eis a luz de Cristo!... Demos graças a Deus!"
  - A Proclamação da Páscoa, hino que recorda a História da Salvação e anuncia a alegria da Páscoa: "Exulte de alegria..."
  - Liturgia da Palavra, seguindo o que o próprio Jesus fez: "E começando por Moisés, percorrendo todos os profetas, explicava-lhes o que dele se achava dito em todas as escrituras" (Lc 24,27); narrativa da História da Salvação, salmos, orações, anúncio festivo da Ressurreição, Evangelho.
  - Liturgia Batismal, com a celebração do Batismo de adultos.
  - Liturgia Eucarística.

Com o Domingo da Páscoa da Ressurreição de Jesus Cristo tem início o Tempo Pascal, que se prolonga por cinquenta dias até a Solenidade de Pentecostes (vinda do Espírito Santo). Esse período deve ser vivido como um só e mesmo dia: o dia da Ressurreição.

Tempo da MISTAGOGIA

Com os irmãos, permanecer com o Senhor

Shutterstock / Bernardo Ramonfaur

O que é o tempo da mistagogia

A palavra mistagogia significa conduzir para o Mistério. Esse último tempo do processo catecumenal se desenvolve durante o Tempo Pascal. Pela escuta e meditação da Palavra, pela participação na Eucaristia e pela prática da caridade, os recém-batizados avançam no conhecimento e no entendimento do Mistério Pascal.

O tempo da mistagogia é, sobretudo, dedicado a experienciar os sacramentos recebidos; dessa experiência, que cresce pela prática da vida cristã, resulta um novo senso da fé, da Igreja e do mundo (RICA. Introdução, n. 37-38). Nesse tempo, os ritos essenciais são as celebrações eucarísticas dominicais do tempo pascal; além do seu valor próprio, elas permitem aos crismados conhecer mais de perto a vida na comunidade eclesial e se reconhecerem, de fato, a ela pertencentes, como membros insubstituíveis e indispensáveis.

29

Sou cristão e o Espírito Santo me conduz

Todos nós, batizados e confirmados, somos mensageiros e testemunhas do Evangelho, comprometidos com Jesus a fazer nossa a sua missão. Isso é tão importante que nós lemos algumas vezes na Bíblia nos textos dos evangelistas (Mt 28,19s.; Mc 16,15; Lc 24,47; Jo 20,21; At 1,9); é como se Jesus nos dissesse: *Eu realmente quero que você leve isso muito a sério!*

Vida e Palavra se encontram

Jesus disse que não nos deixaria sozinhos. Para cumprirmos nossa missão e para sermos capazes de anunciar o Reino de Deus com palavras e ações, somos conduzidos pelo Espírito Santo.

Texto bíblico: Lc 10,1-9.16.

- **O que diz a Palavra?**
  - Das palavras de Jesus, qual você destaca?
- **O que a Palavra diz para você?**

Jesus envia um grupo de discípulos com a missão de dizer ao povo: o Reino de Deus chegou a vocês!

- Que apelo Jesus faz a você nesse texto?

Foi pela ação do Espírito Santo que o Filho de Deus se encarnou no seio da Virgem Maria; movido por esse mesmo Espírito, Jesus começou sua missão no mundo (cf. Lc 4,14). Foi, também, pela força do Espírito Santo que os apóstolos deixaram Jerusalém para anunciar o Evangelho por toda parte, obedientes à missão recebida do Senhor. Esse mesmo Espírito, conforme havia prometido (cf. Jo 14,16s.), está sempre presente ao lado de cada batizado, conduzindo quem aceita a missão deixada pelo Senhor.

- Você considera difícil falar de Jesus para os outros?
- Ao orientar os setenta e dois sobre o que não precisariam levar para a missão, o que Jesus lhe ensina?
- O que você não deve levar para realizar sua missão?

"O que vale na vida não é o ponto de partida, e sim a caminhada. Caminhando e semeando, no fim, terás o que colher." (Coralina, 2015).

- Pensando na sua missão de cristão, como interpreta essa frase?

Trazendo a Palavra para a vida

- O que Jesus ensina ao enviar os discípulos "dois a dois"?

Somos acompanhados e conduzidos pelo Espírito Santo, que distribui seus dons a todos e dá o poder para testemunhar: todos, sem exceção, podem contribuir de alguma maneira para o anúncio do Evangelho.

- O que devemos pedir ao Espírito Santo para cumprirmos a missão de anunciadores do Evangelho e construtores do Reino?

Jesus não nos chama apenas para irmos até Ele, mas também para irmos por Ele: quer nossa colaboração para se manifestar às pessoas, espalhar o Reino de Deus, transformar o mundo. Mas adverte: seremos como "cordeiros no meio de lobos".

- Como entender, nos nossos dias, essa advertência de Jesus aos discípulos?

Jesus sabia que a mensagem do Reino não seria acolhida por todos e, por isso, disse aos discípulos para não considerarem a aceitação ou a rejeição como algo pessoal. A preocupação deveria ser como falar do Senhor: cumprir a missão com o maior empenho, com entusiasmo, convicção e alegria.

- Como podemos falar do Senhor em nossa casa, nos ambientes de trabalho ou de estudo, na sociedade em geral?

Celebrando a vida

Nós temos no coração o Espírito Santo, fogo que impulsiona nossa missão. Porém, se nos importarmos mais com as dificuldades e nos esquecermos de que Deus está no comando de tudo, ou se não agradecermos pelas bênçãos na caminhada, o fogo do Espírito pode se apagar em nós.

Jesus quer nossa colaboração para transformar o mundo. Precisamos estar unidos, "dois a dois", para nos fortalecermos uns aos outros e para sermos exemplo de unidade. Precisamos, a cada dia, nos perguntarmos como está nosso coração e pedir: *Vinde, Espírito Santo, dai-me um coração semelhante ao coração de Jesus!*

- Conscientes de que somos enviados para anunciar o Evangelho, rezemos:

Ó Espírito Santo, amor do Pai e do Filho, inspirai-me sempre o que devo pensar. O que devo dizer. Como devo dizê-lo. O que devo calar. O que devo escrever. Como devo agir. O que devo fazer. Para obter a Vossa glória, o bem do mundo e minha própria santificação. Amém (Aleteia, 2021).

Partilhar o vinho é sinal da alegria de quem se sabe escolhido por Deus para dar testemunho no mundo. Que nunca nos esqueçamos: somos cristãos, e somos conduzidos pelo Espírito Santo de Deus que habita em nós!

Todos juntos, rezemos: Sl 145(144),1-3.

1 *Eu te exaltarei, meu Deus e Rei, e bendirei teu nome para todo o sempre.*

2 *Todos os dias te bendirei, louvarei teu nome para todo o sempre.*

3 *"O Senhor é grande e mui digno de louvor; sua grandeza é insondável".*

Transformando a vida

Deixar-se conduzir pelo Espírito significa agir segundo a graça de Deus que habita em nós. É agir não por medo, nem por obrigação, mas livremente, por amor.

- Que compromisso você quer assumir para realizar a missão que Deus tem para você, deixando-se conduzir pelo Espírito Santo?

Uma reflexão para o caminho

Deus tem um projeto para cada um de nós e quer que façamos a diferença no meio das pessoas. Fomos criados para acrescentar ao mundo. Temos um lugar e uma missão a cumprir. E para agradarmos a Deus não precisamos ter muito estudo, nem sermos muito reconhecidos nem apenas observarmos rigidamente a Lei; Deus quer pessoas que assumem o cuidado com a vida e o amor aos irmãos, que vivem as Bem-aventuranças e o Pai-nosso a cada momento da vida, assim como fez Jesus. O Espírito Santo nos ajuda a sermos fiéis ao Senhor, denunciando injustiças, defendendo os direitos de todos e de cada um e promovendo a vida.

30 Ser cristão, um caminho a seguir

"Começa agora o que serás daqui para a frente": essa afirmação, atribuída a São Jerônimo (*Gaudium Press*, 2023) é bem apropriada a esse momento da sua vida cristã. Seguindo um itinerário que levou à celebração dos sacramentos da Iniciação Cristã, você ouviu e compreendeu que Deus tem um projeto para sua vida e se deixou abastecer pelos ensinamentos de Jesus, pelas histórias de vida partilhadas no grupo, pelos momentos de oração e pelas celebrações. Agora, começa um outro tempo e você seguirá seu caminho como cristão.

No primeiro século, os que queriam ser seguidores de Jesus Cristo eram chamados "os que seguiam o Caminho" (cf. At 9,2); cerca de dez anos depois da ressurreição do Senhor é que surgiu a expressão "cristão" (cf. At 11,26). Essas pessoas anunciavam a Boa-nova do Evangelho com seu estilo de vida, porque acreditavam na possibilidade de construir um mundo melhor para todos. Eram homens e mulheres que, seguindo o Caminho, enfrentavam o inesperado e dificuldades, mas que também sorriam de alegria sentindo o cuidado de Deus.

Vida e Palavra se encontram

Cristão não é título: é um jeito de ser, seguindo Jesus, Aquele que, ao entrar em nossa história, trouxe os valores do Reino de Deus.

- Como ser cristão neste mundo?

Jesus apontou características inseparáveis do cristão, como conhecer a realidade à sua volta (cf. Jo 2,1-11), apreciar a beleza da vida (cf. Lc 12,27), ter alegria e disposição para viver o momento presente (cf. Jo 6,68), dar testemunho com palavras e ações (cf. At 4,32s.), amar incondicionalmente (cf. Jo 13,35). Com a certeza do dom gratuito do amor do Senhor, seguimos o caminho para o qual somos chamados.

Texto bíblico: Lc 12,22-32.

➤ O que diz a Palavra?

- Que palavras de Jesus mais chamam sua atenção?

➤ O que a Palavra diz para você?

Jesus fala sobre preocupação; afirma que não devemos nos preocupar com o que comer, nem com o corpo ou com o que vestir. Porém, sua proposta não é uma vida desligada das coisas terrenas, porque Ele não nos quer alheios ao mundo.

- Como, então, você entende essa fala de Jesus?

Uma preocupação exagerada impede a pessoa de sentir o cuidado de Deus.

- Concorda? Você sente preocupação em relação à sua vida?

Jesus fala sobre confiança.

- Só confiamos em quem conhecemos: isso se aplica também a Deus?
- Para você, o que é confiar em Deus?

Paciência e perseverança, segurança e esperança estão relacionadas à confiança plena em Deus.

- Você concorda que são "frutos" da confiança em Deus? Por quê?

Trazendo a Palavra para a vida

Na vida sempre encontramos exemplos de quem só confia em si mesmo, em sua família ou em seus amigos, em seu *status* social ou em suas empresas, em seus seguidores e suas curtidas. Aquilo (aquele) em que (quem) você confia mostra onde estão sua esperança e seu amor. Hoje, vemos com frequência pessoas que deixaram de lado a confiança em Deus.

- O que pode levar uma pessoa a não confiar em Deus, mesmo aquela que se diz cristã?

Jesus usa pássaros e lírios, exemplos da natureza, para mostrar que Deus cuida perfeitamente de suas criaturas – portanto, de nós, homens e mulheres – e, assim, podemos sempre confiar nele, mesmo enfrentando desafios e incertezas, que fazem parte da nossa experiência humana. Nesse texto do Evangelista Lucas, Jesus nos chama a avaliar nossas prioridades.

- Qual deve ser o nosso foco a cada novo dia?

Jesus afirma: é em Deus que o nosso coração tem que se refugiar, porque Ele, e só Ele, sabe o que é melhor para nossa vida, cuida de nós e é nosso sustento.

- Nesse caminho que começa agora, daqui para a frente, como, de maneira concreta, você pode cultivar a confiança em Deus?

Celebrando a vida

Foi um belo caminho percorrido juntos até o dia de hoje. Olhando para trás, cada um verá que algumas pessoas o prepararam para percorrer esse caminho e o trouxeram até aqui; outras lhe deram uma história de vida, uma palavra de incentivo, um sorriso de quem entendia sua busca.

- Em um momento de silêncio, recorde essas pessoas presentes em sua caminhada. (*silêncio.*)

Daqui para a frente, é com você. O que fará com os ensinamentos de Jesus Cristo e a certeza do amor do Pai, que encontrou nesse tempo de catequese? Ficarão guardados? Ou você levará a outras pessoas?

Jesus o escolheu e o chamou, e agora conta com você para levar ao mundo o seu Evangelho. Com uma prece, responda a Jesus, enquanto segura em suas mãos a vela entregue por seu catequista; essa vela recorda que você deve ser luz no mundo.

- Como sinal do amor fraterno que nos une, nascido nos passos de Jesus, ao longo dessa caminhada na catequese, rezemos juntos a oração que o Senhor nos ensinou: *Pai nosso, que estais nos céus* [...].

Rezemos, todos juntos: Sl 91(90),1-2.

1 *Aquele que habita sob a proteção do Altíssimo passa a noite à sombra do Todo-poderoso.*

2 *Pode dizer ao Senhor: "Ele é meu refúgio e minha fortaleza, meu Deus, em quem confio".*

Transformando a vida

Ser cristão é ser de tal forma parecido com o Senhor que, ao olharem para você, as pessoas dizem: "de fato, ele é um cristão!"

- Que compromisso você assume para viver verdadeiramente como um cristão?

Uma reflexão para o caminho

O que nos faz cristãos é seguir o caminho de Jesus: somos caminhantes, e isso não é algo abstrato, pelo contrário! O que nos faz cristãos é olhar para o Senhor, seguir seus passos e aprender com Ele; é mostrar a verdade onde existe mentira, levar a justiça onde existe opressão, exigir compaixão onde existe indiferença.

Comece agora o que você será daqui para a frente: o que isso significa? Um compromisso radical com o projeto de Jesus, mesmo sabendo que terá dificuldades. Porém, não esqueça: Deus cuida de tudo, cuida de você e de cada um de nós, seus filhos, e nunca nos abandona. Foi o próprio Cristo que nos prometeu...

Lista de siglas e abreviaturas

ClgC – Catecismo da Igreja Católica

DV – Constituição dogmática sobre a revelação divina *Dei Verbum*

FR – Carta encíclica sobre as relações entre fé e razão *Fides et Ratio*

GS – Constituição pastoral sobre a Igreja no mundo atual *Gaudium et Spes*

LG – Constituição dogmática sobre a Igreja *Lumen Gentium*

MF – Carta encíclica sobre o culto da sagrada Eucaristia *Mysterium Fidei*

RICA – Ritual da Iniciação Cristã de Adultos

Referências

ACI. *Jesus, ensina-me a servir.* Disponível em: https://aciportugal.org/2015/12/jesus-ensina-me-a-servir/. Acesso em: 2 set. 2024.

ALDAZÁBAL, J. Verbete "Sinal (símbolo)". *Secretariado Nacional de Liturgia.* Disponível em: https://www.liturgia.pt/dicionario/dici_ver.php?cod_dici=421. Acesso em: 2 dez. 2024.

ALETEIA. De Santo Agostinho para o Espírito Santo: "inspirai-me sempre o que devo pensar". *Aleteia*, 2 set. 2021. Disponível em: https://pt.aleteia.org/2021/09/02/de-santo-agostinho-para-o-espirito-santo-inspirai-me-sempre-o-que-devo-pensar. Acesso em: 7 dez. 2024.

BENTO XVI. Angelus. *Canção Nova*, 17 jun. 2012. Disponível em: https://noticias.cancaonova.com/papa/angelus-de-bento-xvi-%C2%96-17062012/. Acesso em: 25 mar. 2024.

BÍBLIA Sagrada. *Edição da família.* Petrópolis: Vozes, 2012.

BOFF, C. *A Trindade.* Petrópolis: Vozes, 2014.

CATECISMO DA IGREJA CATÓLICA. Petrópolis: Vozes, 1993.

CELAM. *Documento de Aparecida.* Texto conclusivo da V Conferência Geral do Episcopado Latino-Americano e do Caribe. São Paulo: Paulus, 2007.

CNBB. *Iniciação à vida cristã*: um processo de inspiração catecumenal. Estudo n. 97. Brasília: Edições CNBB. 2009.

COMUNIDADE CANÇÃO NOVA. As aparições do Cristo ressuscitado. *Passio Domini*, 10 abr. 2010. Disponível em: https://passiodomini.wordpress.com/2018/11/17/meditacao-da-crucificacao-de-jesus-por-sto-afonso/. Acesso em: 6 mar. 2024.

CONFERÊNCIA EPISCOPAL AUSTRÍACA. *DOCAT.* Como agir? São Paulo: Paulus, 2016.

CORALINA, C. *Vintém de cobre*: meias confissões de Aninha. São Paulo: Global Editora, 2015.

DICIONÁRIO ETIMOLÓGICO. Verbete "sacrifício". Disponível em: https://www.dicionarioetimologico.com.br/sacrificio/. Acesso em: 28 nov. 2024.

DICIO. Verbete "liberdade". Disponível em: https://www.dicio.com.br/liberdade/. Acesso em: 3 ago. 2024.

EQUIPE EDITORIAL DE CONCEITO DE. *Religião*: o que é, conceito e definição. *Conceito de*, 28 fev. 2020. Disponível em: https://conceito.de/religiao. Acesso em: 10 fev. 2024.

GAUDIUM PRESS. *História, orações e frases de São Jerônimo. Gadium Press*, 30 set. 2023. Disponível em: https://gaudiumpress.org/content/historia-oracao-e-frases-de-sao-jeronimo/. Acesso em: 21 out. 2024.

HOJE É DIA DE LITURGIA. Oração eucarística III. *Hoje é dia de liturgia*, 2023. Disponível em: https://hojeediadeliturgia.wordpress.com/2023/10/12/oracao-eucaristica-iii-nova-edicao-2023/. Acesso em: 2 out. 2024.

JOÃO PAULO II. *Fides et ratio*: Carta Encíclica sobre as relações entre fé e razão. São Paulo: Paulinas, 2006.

MUNDO ECOLOGIA. Plantação e cultivo de trigo em grão e joio. *Mundo Ecologia*, 2019. Disponível em: https://www.mundoecologia.com.br/plantas/plantacao-e-cultivo-de-trigo-em-grao-e-joio/. Acesso em: 7 dez. 2024.

ONESKO, A. L. F. *"O livre arbítrio" de Santo Agostinho*: "a causa do pecado – o abuso da vontade livre" em sala de aula. Disponível em: https://acervodigital.ufpr.br/handle/1884/56797. Acesso em: 26 maio 2024.

ORIGEM DA PALAVRA. Paixão. *Origem da Palavra*, 26 out. 2010. Disponível em: https://origemdapalavra.com.br/palavras/paixao/. Acesso em: 11 out. 2024.

PAPA FRANCISCO. Salvos à nossa maneira. *A Santa Sé*, 3 out. 2014. Disponível em: https://www.vatican.va/content/francesco/pt/cotidie/2014/documents/papa-francesco-cotidie_20141003.html. Acesso em: 21 mai. 2024.

PAPA FRANCISCO. Na normalidade do Reino de Deus o pão chega a todos. Audiência geral. *Franciscanos*, 30 set. 2020a. Disponível em: https://franciscanos.org.br/noticias/papa-na-normalidade-do-reino-de-deus-o-pao-chega-a-todos.html#gsc.tab=0. Acesso em: 18 fev. 2024.

PAPA FRANCISCO. Angelus. *A Santa Sé*, 1 ago. 2021. Disponível em: https://www.vatican.va/content/francesco/pt/angelus/2021/documents/papa-francesco_angelus_20210801.html#:~:text=%C3%89%20correto%20apresentar%20as%20nossas,receber%20um%20favor%20em%20troca! Acesso em: 19 maio 2024.

PAPA FRANCISCO. A paciência é a vitamina essencial do cristão. *Vatican News*, 27 mar. 2024. Disponível em: https://www.vaticannews.va/pt/papa/news/2024-03/papa-audiencia-geral-virtude-paciencia-jesus-paixao-perdao.html. Acesso em: 30 mar. 2024.

PAPA FRANCISCO. Gaudete et exsultate: Exortação apostólica sobre a chamada à santidade no mundo atual. *A Santa Sé*, 30 set. 2020b. Disponível em: https://www.vatican.va/content/francesco/pt/apost_exhortations/documents/papa-francesco_esortazione-ap_20180319_gaudete-et-exsultate.html. Acesso em: 20 out. 2024.

PARO, T. F. Pe. *Celebrar e iniciar ao Mistério*: a liturgia. Brasília: Edições CNBB, 2019. Coleção Sendas, v. 13.

PAULO VI. *Lumen gentium*: Constituição dogmática sobre a Igreja. 1964. São Paulo: Paulinas, 2011.

PAULO VI. *Dei verbum*: Constituição dogmática sobre a revelação divina. 1965. São Paulo: Paulinas, 2011.

PAULO VI. *Mysterium fidei*: Carta encíclica sobre o culto da sagrada Eucaristia. 1965. São Paulo: Paulinas, 2003.

PRIBERAM Dicionário. Disponível em: https://dicionario.priberam.org/. Acesso em: 12 ago. 2024.

ROLLEMBERG, M. C. *Falar de fé na catequese*. Petrópolis: Vozes, 2023.

SAGRADA CONGREGAÇÃO PARA O CULTO DIVINO. *Ritual da Iniciação Cristã de Adultos*. RICA. São Paulo: Paulinas, 2003.

SANTO AFONSO. *Meditação da crucificação de Jesus*. Disponível em: https://passiodomini.wordpress.com/2018/11/17/meditacao-da-crucificacao-de-jesus-por-sto-afonso/. Acesso em: 12 mar. 2024.

TERTULIANO. Apologia. Trad. de José Fernandes Vidal e Luiz Fernando Karps. [*S. l.*]: Tertullian Project, 2001. Disponível em: https://www.tertullian.org/brazilian/apologia.html#18. Acesso em: 29 set. 2024.

EDITORA VOZES LTDA.
Rua Frei Luís, 100 – Centro – Cep 25689-900 – Petrópolis, RJ
Tel.: (24) 2233-9000 – E-mail: vendas@vozes.com.br